Construindo melhores hábitos: Um guia para o sucesso

A importância dos hábitos para alcançar o sucesso

B. Charles Henry

Tradução pelo Google traduz

Copyright © 2024 B. Charles Henry
All rights reserved.
ISBN: 9798879183719

Índice

I. Introdução

Construir hábitos melhores é a chave para o sucesso! Trata -se de fazer alterações pequenas e consistentes que aumentam com o tempo. Comece identificando os hábitos que deseja melhorar e estabelecer metas claras e alcançáveis e, em seguida, faça um plano para incorporar esses hábitos em sua rotina diária. É importante manter -se comprometido e motivado, portanto, encontre maneiras de se responsabilizar e celebrar seu progresso. Cerque -se de influências positivas e procure apoio de amigos e familiares. Lembre -se de que o desenvolvimento de melhores hábitos leva tempo e paciência, portanto, seja gentil consigo mesmo ao longo do caminho. Com determinação e perseverança, você pode atingir seus objetivos e criar um estilo de vida mais feliz e saudável!

A. Definição de hábitos

Os hábitos são comportamentos ou ações de rotina que são repetidas regularmente e frequentemente executadas automaticamente. Eles são adquiridos por meio de repetição frequente e podem ficar arraigados na vida cotidiana de um indivíduo. Os hábitos podem ser positivos e negativos, influenciando vários aspectos da vida de uma pessoa, como saúde, produtividade e bem-estar.

Os hábitos positivos, também conhecidos como bons hábitos, contribuem para o crescimento e o sucesso pessoais, enquanto hábitos negativos, ou maus hábitos, podem dificultar o progresso e levar a resultados indesejáveis. Os hábitos são formados através de um processo de sugestão, rotina e recompensa, onde uma sugestão desencadeia um comportamento, o comportamento se torna uma rotina e a rotina é reforçada por uma recompensa, criando um loop que fortalece o hábito ao longo do tempo.

Entender e gerenciar hábitos pode ser essencial para o desenvolvimento pessoal, pois os indivíduos podem cultivar conscientemente hábitos positivos ou trabalhar para se libertar dos prejudiciais.

B. Importância dos hábitos para alcançar o sucesso

Os hábitos desempenham um papel crucial na obtenção de sucesso por vários motivos:

Consistência e rotina: o sucesso geralmente requer esforço consistente ao longo do tempo. Os hábitos positivos criam uma rotina que ajuda as pessoas a permanecer no caminho certo e a manter seu foco em objetivos de longo prazo.

Produtividade e eficiência: Bons hábitos podem aumentar a produtividade e a eficiência, simplificando os processos. Quando certas ações se tornam habituais, elas exigem menos energia mental, permitindo que os indivíduos aloquem seus recursos cognitivos com mais eficácia.

Disciplina e autocontrole: O desenvolvimento de hábitos positivos requer disciplina e autocontrole, que são traços vitais para o sucesso. Os hábitos ajudam os indivíduos a resistir às tentações, a fazer melhores escolhas e perseverar diante dos desafios.

Alinhamento de metas: hábitos que se alinham aos objetivos contribuem para o sucesso. Ao cultivar hábitos que apóiam objetivos específicos, os indivíduos criam um caminho para alcançar suas aspirações.

Desenvolvimento pessoal: hábitos positivos contribuem para o desenvolvimento e o crescimento pessoais. Seja aprendendo novas habilidades, adotando um estilo de vida saudável ou melhorando os relacionamentos interpessoais, os hábitos moldam quem nos tornamos ao longo do tempo.

Gerenciamento de tempo: hábitos eficientes podem ajudar os indivíduos a gerenciar seu tempo de maneira eficaz. Ao priorizar tarefas e criar rotinas, os indivíduos podem aproveitar ao máximo seu tempo, levando a maior produtividade e conquista.

Mentalidade e atitude: os hábitos influenciam a mentalidade e a atitude de alguém. Cultivar hábitos positivos pode contribuir para uma mentalidade mais otimista e orientada para o crescimento, promovendo a resiliência e a capacidade de superar obstáculos.

Momento de construção: o sucesso geralmente se baseia em pequenas vitórias. Os hábitos positivos criam um impulso que impulsiona os indivíduos a seguir, facilitando os desafios maiores à medida que surgem.

Saúde e bem-estar: hábitos relacionados ao bem-estar físico e mental são cruciais para o sucesso sustentado. Cuidar da saúde por meio de exercícios regulares, nutrição adequada e descanso suficiente contribui para o bem-estar geral e aumenta o funcionamento cognitivo.

Auto-reflexão e melhoria: Estabelecer um hábito de auto-reflexão permite que os indivíduos avaliem seu progresso, identifiquem áreas para melhorar e faça ajustes necessários em suas estratégias. A melhoria contínua é um aspecto essencial para alcançar o sucesso.

Em resumo, os hábitos fornecem a base para o sucesso, promovendo consistência, disciplina e eficiência. O desenvolvimento de hábitos positivos contribui para o desenvolvimento pessoal, o alcance de metas e o bem-estar geral, criando uma estrutura para o sucesso a longo prazo.

C. Visão geral da abordagem do livro para construir melhores hábitos

Construindo melhores hábitos: um guia para o sucesso analisará os hábitos, a ciência da formação de hábitos, estabelecendo metas claras, criando um ambiente de formação de hábitos, o poder da consistência, criando hábitos positivos, quebrando hábitos negativos, alavancando a responsabilidade e suporte, mentalidade Mudança para o sucesso do hábito e superando desafios comuns.

Entendendo os hábitos: O livro explora os conceitos fundamentais de hábitos, aprofundando como os hábitos são formados, seus fundamentos psicológicos e o impacto que eles têm em nossas vidas diárias.

A ciência da formação de hábitos: Esta seção mergulha nos princípios científicos por trás da formação de hábitos, incorporando idéias da psicologia e da neurociência comportamentais para fornecer uma compreensão mais profunda dos mecanismos em jogo.

Definir metas claras: a importância de estabelecer metas claras e específicas é discutida, vinculando o estabelecimento de metas ao estabelecimento e reforço de hábitos positivos.

Criando um ambiente de formação de hábitos: esse aspecto se concentra em moldar o ambiente para apoiar o desenvolvimento dos hábitos desejados, enfatizando o impacto do meio ambiente no comportamento.

O poder da consistência: a consistência é um tema-chave na construção de hábitos. O livro explora como ações regulares e repetidas contribuem para o estabelecimento e manutenção de hábitos.

Construindo hábitos positivos: estratégias para cultivar hábitos positivos, talvez com foco em pequenas mudanças gerenciáveis e no impacto cumulativo desses hábitos ao longo do tempo.

Quebrando hábitos negativos: abordando o desafio de superar hábitos prejudiciais, o livro oferece conselhos práticos sobre a quebra de padrões negativos e substituí -los por comportamentos positivos.

Aproveitando a responsabilidade e o suporte: a importância dos sistemas de responsabilidade social e suporte para sustentar hábitos positivos é discutida, fornecendo aos leitores estratégias para permanecer no caminho certo.

Mudança da mentalidade para o sucesso do hábito: explorar o papel da mentalidade na formação de hábitos, incluindo como o cultivo de uma mentalidade positiva e orientada para o crescimento pode contribuir para o sucesso a longo prazo.

Superando os desafios comuns: reconhecer e abordar obstáculos e desafios comuns que os indivíduos enfrentam ao tentar estabelecer e manter hábitos.

No geral, o livro pretende fornecer um guia holístico para os leitores, cobrindo vários aspectos da formação de hábitos, desenvolvimento pessoal e sucesso, com uma abordagem prática e acionável.

Ii. Hábitos de compreensão

Entender hábitos é um aspecto tão emocionante e crucial de nossas vidas diárias! Os hábitos são essencialmente a maneira do nosso cérebro de ser eficiente e conservar energia. Eles são formados através de comportamentos repetidos e eventualmente se tornam automáticos. Ao entender a ciência por trás dos hábitos, podemos assumir o controle de nossas vidas e fazer mudanças positivas. Seja quebrando um mau hábito ou criando um novo e saudável, sabendo como os hábitos funcionam podem nos capacitar a transformar nossas vidas para melhor. Com esse conhecimento, podemos refirar nossos cérebros e nos preparar para o sucesso em todas as áreas de nossas vidas. Vamos aproveitar o poder dos hábitos e viver nossas melhores vidas!

A. Explicação do loop de hábitos

O Habit Loop é um conceito popularizado por Charles Duhigg em seu livro "O poder do hábito". Ele descreve um processo de três etapas que forma a base de como os hábitos são criados e mantidos.

Os três componentes do loop de hábitos são:

Sugestão (ou gatilho): Este é o primeiro estágio do loop de hábitos. A sugestão é um sinal ou gatilho que inicia o hábito. Pode ser um evento externo, um sentimento interno, uma hora específica do dia ou qualquer outro estímulo que leve ao cérebro a iniciar um comportamento específico. As dicas podem ser categorizadas em diferentes tipos, como gatilhos baseados em tempo, baseados em localização, emocional ou situacional.

Rotina (ou comportamento): a rotina é o comportamento ou ação real desencadeada pela sugestão. Representa o próprio hábito. Esta é a parte do loop em que o indivíduo executa uma ação ou comportamento específico em resposta à sugestão. Esse comportamento pode ser qualquer coisa, desde uma ação simples até um conjunto de ações mais complexo.

Recompensa: A recompensa é o reforço positivo que segue a rotina. É o resultado ou sentimento que satisfaz o desejo criado pela sugestão e reforça o loop de hábitos. As recompensas podem ser intrínsecas (como um senso de realização ou prazer) ou extrínsecas (como uma recompensa tangível). A recompensa é essencial para que o loop do hábito se fortaleça, pois sinaliza ao cérebro que o comportamento vale a pena e deve ser repetido no futuro.

Compreender o loop de hábitos fornece informações sobre como os hábitos são formados e como eles podem ser alterados. Se alguém quiser estabelecer um novo hábito ou quebrar um existente, pode trabalhar com o loop de hábitos, identificando e manipulando as dicas, rotinas e recompensas associadas ao comportamento. Ao alterar um ou mais elementos do loop de hábitos, os indivíduos podem moldar intencionalmente e modificar seus hábitos ao longo do tempo.

1. Sugestão

No contexto do loop de hábitos, uma sugestão refere -se à primeira etapa do processo, servindo como um gatilho ou sinal que inicia um comportamento ou rotina específica. As dicas podem assumir várias formas e são as instruções que levam os indivíduos a se envolverem em um hábito específico. As dicas podem ser classificadas em diferentes tipos:

Dicas baseadas no tempo: são gatilhos associados a uma hora específica do dia. Por exemplo, acordar de manhã, fazer uma pausa à tarde ou ir para a cama à noite pode servir como pistas baseadas no tempo.

Dicas baseadas em localização: certos ambientes ou locais podem atuar como pistas. Por exemplo, entrar na cozinha pode desencadear um hábito relacionado a comer ou cozinhar.

Dicas emocionais: estados emocionais, como estresse, felicidade, tédio ou frustração, podem atuar como pistas. As pessoas geralmente desenvolvem hábitos como uma maneira de lidar ou aprimorar seus estados emocionais.

Pistas situacionais: situações ou eventos específicos podem desencadear hábitos. Por exemplo, receber um email de trabalho pode ser uma sugestão para verificar as mídias sociais.

Identificar e entender as dicas associadas a um hábito é crucial para modificar ou criar hábitos intencionalmente. Ao reconhecer as dicas que desencadeiam um comportamento específico, os indivíduos podem intervir no loop de hábitos e fazer alterações deliberadas para reforçar hábitos positivos ou substituir os negativos por comportamentos mais construtivos. Esse processo é fundamental para o conceito de formação de hábitos e mudança de comportamento.

2. Rotina

No loop de hábitos, a rotina é o segundo estágio e refere -se ao comportamento ou ação real que ocorre em resposta à sugestão. É a atividade habitual que um indivíduo tem desempenho automático ou semi-automático após ser desencadeado por uma sugestão específica. A rotina é o comportamento que define o próprio hábito.

Por exemplo, se a sugestão estiver estressada (sugestão emocional), a rotina pode ser alcançar um lanche ou se envolver em alguma forma de atividade de relevo do estresse, como respiração profunda ou uma curta caminhada. Se a sugestão estiver chegando em casa depois do trabalho (sugestão baseada em localização), a rotina pode envolver a troca de roupas confortáveis e a televisão.

A rotina é a resposta habitual à sugestão, e é o que caracteriza o loop de hábitos. Esse comportamento fica arraigado ao longo do tempo através da repetição, e quanto mais consistentemente a rotina é realizada em resposta à sugestão, mais forte o hábito se torna.

Quando os indivíduos procuram mudar ou estabelecer hábitos, geralmente se concentram em modificar sua rotina. Isso pode envolver a substituição de uma rotina negativa por uma positiva, fazendo pequenos ajustes na rotina existente ou introduzindo um novo comportamento. Ao moldar conscientemente a rotina, os indivíduos podem influenciar o loop geral de hábitos e trabalhar para alcançar os resultados comportamentais desejados.

3. Recompensa

No loop de hábitos, a recompensa é a terceira e última etapa, representando o reforço ou benefício positivo que segue a conclusão da rotina. A recompensa é um componente crítico porque reforça o loop de hábitos, sinalizando para o cérebro que o comportamento associado à rotina vale a pena e deve ser repetido no futuro.

A recompensa fornece uma sensação de satisfação, prazer ou realização, criando uma associação positiva com o hábito. Ele satisfaz um desejo que é desencadeado pela sugestão e cumprido pela rotina. O cérebro então liga a sugestão, rotina e recompensa, fortalecendo as vias neurais associadas ao hábito.

Por exemplo, se a sugestão estiver se sentindo cansada (sugestão emocional), a rotina pode ser consumir uma bebida com cafeína, e a recompensa é o aumento da alerta e energia que se segue. Se a sugestão estiver entrando na academia (sugestão baseada em localização), a rotina pode envolver o exercício, e a recompensa pode ser a sensação de realização, humor melhorado ou bem-estar físico.

Compreender o papel das recompensas é crucial para modificar ou criar hábitos intencionalmente. Ao procurar mudar um hábito, os indivíduos podem experimentar rotinas alternativas que fornecem recompensas semelhantes ou até aprimoradas. Ao associar um resultado positivo e satisfatório a um novo comportamento, eles aumentam a probabilidade de o loop de hábitos se tornar arraigado e levando a mudanças de comportamento a longo prazo.

B. Tipos de hábitos (positivo vs. negativo)

Os hábitos podem ser amplamente categorizados em dois tipos principais: hábitos positivos (também conhecidos como bons hábitos) e hábitos negativos (ou maus hábitos). Essas classificações são baseadas no impacto que os hábitos têm no bem-estar, produtividade e qualidade de vida de um indivíduo. Aqui está uma breve visão geral de cada tipo:

Hábitos positivos (bons hábitos):

Exemplos: exercício regular, alimentação saudável, prática de gratidão, gerenciamento eficaz do tempo, padrões de sono consistentes, leitura e estabelecimento e alcance de metas.

Características: Os hábitos positivos contribuem para o crescimento pessoal, o bem-estar e o sucesso. Eles geralmente se alinham com objetivos individuais e levam a resultados positivos em saúde física, bem-estar mental, produtividade e satisfação geral da vida.

Benefícios: aprimorados à saúde, aumento dos níveis de energia, foco mental aprimorado, maior produtividade, melhores relacionamentos e um senso de realização.

Hábitos negativos (maus hábitos):

Exemplos: procrastinação, consumo excessivo de alimentos não saudáveis, fumo, consumo excessivo de álcool, roer as unhas, conversa interna negativa e atraso constante.

Características: Os hábitos negativos têm efeitos prejudiciais na saúde física e mental, dificultam o desenvolvimento pessoal e podem levar a consequências indesejáveis. Eles geralmente fornecem satisfação a curto prazo, mas podem contribuir para resultados negativos a longo prazo.

Consequências: saúde prejudicada, produtividade reduzida, relacionamentos tensos, desafios financeiros, aumento do estresse e um sentimento de insatisfação.

É importante observar que a classificação de um hábito como positiva ou negativa pode variar com base em objetivos individuais e normas culturais. O que pode ser considerado um hábito positivo para uma pessoa pode não ser necessariamente o mesmo para outro. Além disso, existem hábitos em um espectro e alguns comportamentos podem ter aspectos positivos e negativos.

A mudança de hábitos normalmente envolve substituir hábitos negativos por positivos. Esse processo pode exigir autoconsciência, definição de metas e esforço consistente para desenvolver novas rotinas e reforçar comportamentos positivos ao longo do tempo.

C. Identificando hábitos existentes

A identificação de hábitos existentes envolve observar seus comportamentos e rotinas diárias para reconhecer padrões que ocorrem regularmente. Aqui estão algumas etapas para ajudá -lo a identificar seus hábitos existentes:

Auto-reflexão:

Reserve algum tempo para a auto-reflexão. Considere diferentes áreas da sua vida, como trabalho, relacionamentos pessoais, saúde e lazer.
Reflita sobre suas atividades, rotinas e comportamentos diários típicos. Considere as ações que você executa quase automaticamente sem muito pensamento consciente.

Mantenha um diário de hábitos:

Mantenha um diário por uma semana ou mais e documente suas atividades e rotinas diárias. Inclua detalhes sobre o que desencadeia certos comportamentos, as ações que você toma e quaisquer sentimentos ou resultados resultantes. Observe a hora do dia, sua localização e seu estado emocional ao se envolver em atividades específicas.

Identifique padrões:

Procure padrões e repetições em seu diário. Existem certos comportamentos que ocorrem consistentemente em resposta a pistas ou gatilhos específicos? Preste atenção às atividades recorrentes que você pode não ter conhecimento de hábitos.

Peça feedback:

Às vezes, outros podem oferecer informações sobre seus hábitos que você pode não ver. Pergunte a amigos, familiares ou colegas se eles notaram algum padrão em seu comportamento.

Mindfulness e Consciência:

Pratique a atenção plena e conscientize suas ações ao longo do dia. Esteja presente no momento e observe conscientemente seus comportamentos. Considere como você se sente antes, durante e depois de se envolver em determinadas atividades.
Categorias de hábitos comuns:

Explore categorias de hábitos comuns, como hábitos de saúde (comer, exercitar), hábitos de produtividade (gerenciamento de tempo, planejamento), hábitos sociais (comunicação, networking) e hábitos emocionais (mecanismos de enfrentamento, gerenciamento de estresse).

Avalie aspectos positivos e negativos:

Avalie o impacto de seus hábitos em sua vida. Identifique hábitos que contribuem positivamente para o seu bem-estar e aqueles que podem ter consequências negativas.

Use a tecnologia:

Use aplicativos ou ferramentas de rastreamento de hábitos para registrar e monitorar suas atividades. Essas ferramentas podem fornecer informações sobre seus hábitos ao longo do tempo.

Ao adotar uma abordagem proativa e observadora, você pode entender melhor seus hábitos existentes. Essa consciência é um primeiro passo crucial se você deseja fazer mudanças intencionais em seus hábitos, seja quebrando hábitos negativos ou cultivando positivos.

Iii. A ciência da formação de hábitos

A ciência da formação de hábitos é um campo multidisciplinar que se baseia nas idéias da psicologia, neurociência e ciência comportamental para entender como os hábitos são criados, mantidos e alterados. Aqui estão os principais aspectos da ciência da formação de hábitos:

Loop de hábitos:

O Habit Loop, popularizado por Charles Duhigg em seu livro "The Power of Habit", descreve um processo de três etapas: sugestão, rotina e recompensa. É uma estrutura fundamental para entender como os hábitos funcionam. As dicas desencadeiam hábitos, as rotinas são os comportamentos ou ações e as recompensas reforçam o loop de hábitos.

Neuroplasticidade:

A neuroplasticidade refere -se à capacidade do cérebro de se reorganizar, formando novas conexões neurais ao longo da vida. Os hábitos estão associados a vias neurais no cérebro, e a neuroplasticidade permite que essas vias sejam religadas através da repetição e reforço.

Gânglios basais:

O gânglio da base é uma região no cérebro que desempenha um papel crucial na formação de hábitos. Ajuda a codificar padrões e comportamentos em rotinas automáticas. Quando os hábitos ficam arraigados, eles mudam de exigir esforço consciente (controlado pelo córtex pré -frontal) para respostas subconscientes automáticas controladas pelos gânglios da base.

Dopamina e recompensas:

A dopamina, um neurotransmissor, desempenha um papel significativo na formação de hábitos. Está associado ao sistema de recompensa do cérebro. Quando um comportamento é seguido por uma recompensa, a dopamina é liberada, reforçando o loop de hábitos. Com o tempo, a antecipação da recompensa se torna um motivador poderoso.

Modelo de resposta-resposta-resposta:

Os hábitos geralmente são conceituados usando um modelo de resposta-resposta-resposta. A sugestão desencadeia uma resposta ou comportamento específico, levando a uma recompensa. Esse modelo ajuda pesquisadores e psicólogos a entender a sequência de eventos na formação de hábitos e como intervir para criar ou modificar hábitos.

Formação de hábitos no cérebro:

Os hábitos envolvem mudanças na plasticidade sináptica, liberação de neurotransmissores e padrões de disparo neuronal no cérebro. À medida que os comportamentos são repetidos, as conexões sinápticas se fortalecem, tornando o hábito mais automático e menos dependente da tomada de decisão consciente.

Papel do córtex pré -frontal:

O córtex pré-frontal, particularmente o córtex pré-frontal dorsolateral, está envolvido na tomada de decisões, definição de objetivos e controle consciente. Nos estágios iniciais da formação de hábitos, o córtex pré -frontal é mais engajado, mas à medida que os hábitos se tornam arraigados, o envolvimento dessa região diminui.

Scripts cognitivos:

Scripts cognitivos são representações mentais de sequências de comportamentos instruídas. Os hábitos são frequentemente associados a scripts cognitivos específicos, e a repetição desses scripts reforça o loop de hábitos.

Compreender a ciência por trás da formação de hábitos pode capacitar os indivíduos a moldar intencionalmente seus comportamentos. Ao manipular pistas, rotinas e recompensas, os indivíduos podem criar, modificar ou quebrar hábitos, alavancando a plasticidade do cérebro para promover mudanças positivas no comportamento.

A. Aspectos neurológicos da formação de hábitos

Os aspectos neurológicos da formação de hábitos envolvem processos complexos no cérebro, incluindo a interação de várias regiões cerebrais, neurotransmissores e vias neurais. Compreender esses aspectos neurológicos pode esclarecer como os hábitos são criados, mantidos e alterados. Aqui estão os elementos -chave relacionados aos aspectos neurológicos da formação de hábitos:

Gânglios basais:

O gânglio da base é um grupo de núcleos localizado no fundo do cérebro e desempenha um papel central na formação de hábitos. Ajuda a codificar e armazenar comportamentos habituais. À medida que os hábitos se tornam mais arraigados, os gânglios da base assumem o controle desses comportamentos, tornando -os automáticos e exigindo um esforço menos consciente.

Neurotransmissores, dopamina e recompensas:

A dopamina, um neurotransmissor, é um participante importante no sistema de recompensa do cérebro e está intimamente associado à formação de hábitos. Quando uma ação ou comportamento é seguido por uma experiência gratificante, a dopamina é liberada. Esta liberação reforça as conexões neurais associadas ao comportamento, fortalecendo o loop de hábitos.

Estriado:

O estriado, uma parte dos gânglios da base, está particularmente envolvido na formação de hábitos. Ele recebe informações do córtex e é responsável por iniciar e coordenar ações habituais. As mudanças no estriado são observadas à medida que os hábitos são formados e se tornam mais automáticos.

Córtex pré-frontal:

O córtex pré-frontal, especialmente o córtex pré-frontal dorsolateral (DLPFC), é crucial para a tomada de decisão, a definição de objetivos e o controle consciente. Nos estágios iniciais da formação de hábitos, o córtex pré -frontal está ativamente envolvido. No entanto, à medida que os hábitos se tornam mais arraigados, a dependência da tomada de decisão consciente diminui e o controle muda para estruturas subcorticais como os gânglios da base.

Neuroplasticidade:

A neuroplasticidade refere -se à capacidade do cérebro de se reorganizar, formando novas conexões neurais. Os hábitos envolvem mudanças na plasticidade sináptica, onde comportamentos repetidos fortalecem as conexões entre os neurônios, tornando o hábito mais automático.

Hipocampo:

O hipocampo, uma região do cérebro associada ao aprendizado e à memória, está envolvido nos estágios iniciais da formação de hábitos. Ajuda a codificar informações contextuais relacionadas ao hábito. Com o tempo, à medida que os hábitos se tornam mais automáticos, o envolvimento do hipocampo diminui.

Cerebelo:

O cerebelo, tradicionalmente associado ao controle motor, também está implicado na formação de hábitos. Ele desempenha um papel na refinamento e automação de movimentos motores associados a comportamentos habituais.

Sistema endocanabinóide:

O sistema endocanabinóide, que envolve canabinóides e receptores endógenos no cérebro, tem sido implicado na formação de hábitos. A modulação deste sistema pode influenciar o reforço de comportamentos habituais.

Compreender as interações intrincadas entre essas regiões cerebrais e os sistemas de neurotransmissores fornece informações sobre por que os hábitos geralmente são desafiadores para mudar. A formação de hábitos envolve uma interação dinâmica de processos neurais que mudam de ações conscientes e direcionadas a objetivos para comportamentos automáticos e arraigados ao longo do tempo. As intervenções destinadas a modificar hábitos podem alavancar esses mecanismos neurológicos para facilitar a mudança de comportamento positivo.

B. Papel do sistema de recompensa do cérebro

O sistema de recompensa do cérebro desempenha um papel crucial na formação, motivação e reforço de hábitos de certos comportamentos. Este sistema envolve uma rede complexa de estruturas neurais e neurotransmissores que trabalham juntos para sinalizar e reforçar comportamentos associados a experiências agradáveis. Aqui estão os principais componentes e o papel do sistema de recompensa do cérebro:

Liberação de dopamina:

A dopamina é um neurotransmissor que desempenha um papel central no sistema de recompensa do cérebro. É frequentemente referido como o neurotransmissor "bem-bom". Quando o cérebro antecipa ou experimenta um estímulo gratificante, como alimentos, interação social ou realização, a dopamina é liberada.

Núcleo accumbens:

O núcleo accumbens é um componente essencial do circuito de recompensa do cérebro. Faz parte do estriado ventral e está envolvido no processamento de recompensas e comportamentos de reforço associados a resultados positivos. A liberação de dopamina no núcleo accumbens está associada a prazer e motivação.

Área tegmentar ventral (VTA):

A área tegmentar ventral é uma região no mesencéfalo que desempenha um papel crucial na produção de dopamina. Os neurônios na dopamina libertada do VTA, que viajam para várias regiões do cérebro, incluindo o núcleo accumbens e o córtex pré - frontal, influenciando a motivação e o reforço.

Córtex pré-frontal:

O córtex pré-frontal, particularmente o córtex pré-frontal ventromedial, está envolvido na tomada de decisões, na definição de objetivos e na avaliação das possíveis recompensas e consequências das ações. Ele interage com o sistema de recompensa para orientar o comportamento com base em resultados previstos.

Amígdala:

A amígdala está envolvida no processamento de emoções, incluindo a valência emocional dos estímulos. Ele desempenha um papel na associação de emoções a recompensas ou punições, influenciando o reforço de comportamentos com base em experiências emocionais.

Hipocampo:

O hipocampo, uma região associada ao aprendizado e à memória, ajuda a codificar informações contextuais relacionadas a experiências gratificantes. Contribui para a formação de memórias associadas a resultados positivos, influenciando o comportamento futuro.

Endorfina:

Endorfinas são neurotransmissores que atuam como analgésicos naturais e elevadores de humor. Eles são liberados durante atividades como exercícios e contribuem para os sentimentos positivos associados a essas atividades.

Sistema opióide:

O sistema opióide do cérebro, incluindo receptores para opióides endógenos, também desempenha um papel no processamento de recompensa. Os receptores opióides estão envolvidos nos sentimentos agradáveis associados a certos comportamentos.
O sistema de recompensa do cérebro é um motivador poderoso que reforça os comportamentos ligados a resultados positivos. No contexto da formação de hábitos, o sistema de recompensa desempenha um papel fundamental no fortalecimento do loop de hábitos - cura, rotina e recompensa - associando certos comportamentos a experiências agradáveis. Esse mecanismo de reforço ajuda a explicar por que os hábitos podem se tornar arraigados e automáticos ao longo do tempo, à medida que o cérebro aprende a buscar e repetir ações que levam a resultados gratificantes. Compreender a interação desses processos neurais é crucial para compreender como os hábitos são formados e mantidos.

C. Como os hábitos se tornam automáticos

Os hábitos se tornam automáticos através de um processo conhecido como neuroplasticidade, que é a capacidade do cérebro de se reorganizar, formando novas conexões neurais. À medida que os comportamentos são repetidos ao longo do tempo, o cérebro passa por mudanças em sua estrutura e função, tornando o desempenho desses comportamentos mais automático e menos dependente da tomada de decisão consciente. Vários mecanismos -chave contribuem para a automação dos hábitos:

Fortalecendo os caminhos neurais:

Quando um comportamento é repetido, fortalece as conexões entre os neurônios em regiões cerebrais específicas associadas a esse comportamento. Esse processo envolve o aumento da plasticidade sináptica, onde a eficiência da comunicação entre os neurônios aumenta.

Envolvimento dos gânglios da base:

Os gânglios da base, um grupo de núcleos localizados no fundo do cérebro, desempenham um papel central na formação de hábitos. À medida que os hábitos se tornam mais arraigados, os gânglios da base assumem o controle desses comportamentos. Essa mudança do controle consciente para o processamento automático contribui para a automação dos hábitos.

Redução no envolvimento do córtex pré -frontal:

Nos estágios iniciais da formação de hábitos, o córtex pré-frontal, especialmente o córtex pré-frontal dorsolateral (DLPFC), está ativamente envolvido na tomada de decisões e no estabelecimento de metas. À medida que os hábitos se tornam mais automáticos, a dependência do córtex pré -frontal diminui e o controle muda para estruturas subcorticais como os gânglios da base.

Reforço de dopamina:

A dopamina, um neurotransmissor associado à recompensa e ao prazer, desempenha um papel fundamental nos hábitos de reforço. Quando um comportamento é seguido por uma experiência gratificante, a dopamina é liberada. Isso reforça as conexões neurais associadas ao comportamento, aumentando o hábito de ser repetido.

LOOP DE CUE-RESPONSE-RECUTO:

O loop de hábitos, composto por uma sugestão, rotina e recompensa, fica mais arraigado de repetição. O cérebro aprende a associar pistas específicas a certas rotinas e as recompensas que o acompanham. Com o tempo, esse loop de resposta-resposta-resposta se fortalece, contribuindo para a automação dos hábitos.

Associações contextuais:

Os hábitos geralmente ficam ligados a contextos ou situações específicas. O cérebro forma associações entre o comportamento e as pistas ambientais, tornando o hábito mais automático quando desencadeado por contextos familiares.

Scripts cognitivos:

Scripts cognitivos são representações mentais de sequências de comportamentos instruídas. À medida que os hábitos se tornam mais automáticos, eles são frequentemente associados a scripts cognitivos específicos. Esses scripts orientam a sequência de ações sem exigir o pensamento consciente.

Redução na carga cognitiva:

Comportamentos automáticos requerem menos recursos cognitivos porque são armazenados no cérebro como rotinas. Essa redução na carga cognitiva permite que os indivíduos realizem ações habituais com um esforço mínimo consciente.

À medida que os hábitos se tornam automáticos, eles são mais resistentes à mudança porque estão profundamente embutidos nos circuitos neurais do cérebro. Quebrar ou modificar hábitos automáticos geralmente envolve esforços intencionais para interromper as vias neurais estabelecidas, criar novas associações e reforçar comportamentos alternativos. Compreender os mecanismos neurais por trás da automação do hábito fornece informações sobre estratégias eficazes para a mudança de comportamento.

Iv. Definindo metas claras

Estabelecer metas claras é um passo crucial no desenvolvimento pessoal e profissional, fornecendo orientação, motivação e uma estrutura para a conquista. Aqui estão alguns princípios -chave e etapas a serem considerados ao definir metas claras:

Seja específico:

Defina claramente seus objetivos com especificidade. Objetivos vagos ou ambíguos podem ser desafiadores de perseguir. Por exemplo, em vez de dizer "quero exercitar mais", especifique "correr por 30 minutos todas as manhãs".

Torne as metas mensuráveis:

Defina metas de uma maneira que permita rastrear o progresso. Estabeleça critérios mensuráveis para avaliar se você atingiu a meta. Isso ajuda a monitorar seu desempenho e permanecer motivado. Por exemplo, em vez de dizer "perder peso", especificar "perder 10 quilos em dois meses".

Estabeleça metas alcançáveis:

Garanta que seus objetivos sejam realistas e atingíveis. Embora seja essencial mirar alto, estabelecer metas irreais pode levar à frustração e desmotivação. Considere seus recursos atuais, recursos e restrições de tempo.

Relevância para seus valores:

Alinhe seus objetivos com seus valores e prioridades. Os objetivos pessoalmente significativos têm maior probabilidade de serem perseguidos com paixão e comprometimento. Considere como cada objetivo contribui para sua visão mais ampla para sua vida.

Tempo limite:

Estabeleça um prazo para alcançar seus objetivos. Isso cria um senso de urgência e ajuda você a permanecer focado. Por exemplo, em vez de dizer "quero aprender um novo idioma", especifique "aprenderei o espanhol de conversação dentro de seis meses".

Quebrar objetivos maiores:

Se você tiver objetivos significativos e de longo prazo, divida-os em tarefas menores e gerenciáveis. Isso torna o objetivo geral mais alcançável e permite que você comemora vitórias menores ao longo do caminho.

Anote seus objetivos:

Documentar seus objetivos os torna mais tangíveis e reforça seu compromisso. Anote seus objetivos em um diário, em um quadro de visão ou em formato digital. Este ato de registrar aumenta sua prestação de contas.

Crie um plano de ação:

Descreva as etapas e ações específicas que você precisa tomar para atingir cada meta. Um plano de ação bem definido fornece um roteiro, facilitando a navegação no caminho em direção aos seus objetivos.

Revise e ajuste regularmente:

Revise regularmente seus objetivos e progresso. Avalie se seus objetivos ainda são relevantes, ajuste as linhas do tempo, se necessário, e celebrar as conquistas. Essa revisão em andamento permite flexibilidade e adaptação.

Procure feedback e suporte:

Compartilhe seus objetivos com outras pessoas, sejam amigos, familiares ou colegas. A busca de feedback e suporte pode fornecer incentivo, orientação e responsabilidade.

Visualize o sucesso:

Crie uma imagem mental de si mesmo com sucesso alcançando seus objetivos. A visualização pode aumentar a motivação e ajudar a superar obstáculos, reforçando uma mentalidade positiva.

Fique flexível:

Embora definir metas claras seja essencial, esteja aberto a ajustá - las com base nas mudanças nas circunstâncias, novas informações ou mudanças nas prioridades. A flexibilidade permite uma abordagem de definição de metas mais adaptável e resiliente.

Lembre-se de que definir metas claras não é uma atividade única, mas um processo contínuo. Reavaliar e refinar regularmente seus objetivos à medida que você avança e à medida que suas circunstâncias evoluem. Essa abordagem iterativa garante que seus objetivos permaneçam alinhados com suas aspirações e contribuam para o seu crescimento e sucesso gerais.

A. A importância do estabelecimento de metas na formação de hábitos

O estabelecimento de metas desempenha um papel crucial na formação de hábitos, fornecendo uma estrutura estruturada que guia os indivíduos para a mudança de comportamento intencional e sustentada. Aqui estão várias razões que destacam a importância do estabelecimento de metas na formação de hábitos:

Direção e propósito:

Os objetivos fornecem um claro senso de direção e propósito. Eles ajudam os indivíduos a identificar o que querem alcançar, promovendo um senso de significado e motivação em suas ações. Essa clareza é fundamental para iniciar e sustentar hábitos.

Motivação e foco:

Os objetivos bem definidos atuam como motivadores poderosos. Eles criam um senso de urgência e propósito, ajudando as pessoas a permanecer focadas nos resultados desejados. A motivação é um fator importante para estabelecer e manter hábitos.

Progresso mensurável:

As metas geralmente são quantificáveis e mensuráveis. Isso permite que os indivíduos acompanhem seu progresso, fornecendo evidências tangíveis de suas realizações. A medição do progresso reforça um senso de realização e incentiva o esforço contínuo.

Responsabilidade:

Definir metas estabelece um senso de responsabilidade. Quando os indivíduos se comprometem com objetivos específicos, é mais provável que se sintam responsáveis por suas ações. Essa responsabilidade contribui para um nível mais alto de compromisso com a formação e manutenção de hábitos.

Quebrando a complexidade:

Os objetivos dividem objetivos maiores em tarefas menores e mais gerenciáveis. Essa abordagem passo a passo simplifica a complexidade da mudança de comportamento, facilitando a tomada de ações consistentes e desenvolve hábitos ao longo do tempo.

Concentre -se na mudança de comportamento:

Os objetivos mudam o foco de intenções vagas para ações concretas. Em vez de apenas expressar o desejo de mudar, indivíduos com objetivos claros identificam os comportamentos específicos que precisam adotar ou modificar para alcançar seus objetivos.

Persistência aprimorada:

Objetivos claros contribuem para a persistência diante dos desafios. Quando os indivíduos encontram obstáculos, ter uma meta bem definida pode servir como fonte de motivação, incentivando-os a superar os contratempos e continuar trabalhando em direção aos resultados desejados.

Priorização de esforços:

As metas ajudam os indivíduos a priorizar seus esforços e alocar recursos de maneira eficaz. Ao identificar os comportamentos mais críticos ou mudanças necessárias para atingir uma meta, os indivíduos podem se concentrar em ações que têm maior impacto na formação de hábitos.

Desenvolvimento pessoal:

Os objetivos geralmente refletem aspirações pessoais e de desenvolvimento. Seja relacionado à saúde, carreira, relacionamentos ou auto-aperfeiçoamento, as metas fornecem uma estrutura para o crescimento e o desenvolvimento contínuos, contribuindo para uma abordagem holística da formação de hábitos.

Reforço positivo:

Atingir metas gera um senso de realização e satisfação. Esse reforço positivo fortalece o loop de hábitos, reforçando a conexão entre comportamentos específicos e resultados positivos.

Adaptabilidade e ajustes:

A definição de metas permite que os indivíduos se adaptem e façam ajustes com base no progresso, feedback ou mudança de circunstâncias. Essa flexibilidade é crucial para refinar estratégias e permanecer no caminho para a formação de hábitos.

Em resumo, o estabelecimento de metas serve como uma força orientadora que alinha a intenção com a ação, fornecendo aos indivíduos a estrutura, a motivação e a responsabilidade necessárias para estabelecer e sustentar hábitos positivos. Ao estabelecer objetivos claros e significativos, os indivíduos aumentam sua probabilidade de sucesso no processo de formação de hábitos.

B. Objetivos inteligentes: específico, mensurável, alcançável, relevante, limitado

Metas inteligentes são uma estrutura para definir objetivos específicos, mensuráveis, alcançáveis, relevantes e limitados. Essa abordagem fornece uma maneira clara e estruturada de definir e trabalhar em direção a objetivos. Aqui está um colapso de cada componente de metas inteligentes:

Específico:

Defina claramente o objetivo com especificidade. Seja preciso sobre o que deseja alcançar, respondendo às perguntas: o que, por que e como. Quanto mais específico seu objetivo, mais fácil é focar seus esforços e medir o progresso.

Exemplo: em vez de um objetivo vago como "Exercício mais", um objetivo específico seria "durar 30 minutos todas as manhãs para melhorar a aptidão cardiovascular".

Mensurável:

Estabeleça critérios concretos para medir o progresso e determinar quando a meta é alcançada. Quantifique aspectos da meta para que você possa rastrear e avaliar seu desempenho.

Exemplo: em vez de uma meta não mensurável como "Eat Healthier", uma meta mensurável seria "consumir pelo menos cinco porções de frutas e vegetais todos os dias".

Alcançável:

Certifique -se de que o objetivo seja realista e atingível. Embora seja importante estabelecer metas ambiciosas, eles ainda devem ser viáveis, considerando suas capacidades, recursos e restrições atuais.

Exemplo: em vez de uma meta irrealista, como "perder 20 quilos em uma semana", uma meta alcançável seria "perder 1-2 libras por semana através de uma combinação de uma dieta equilibrada e exercícios regulares".

Relevante:

O objetivo deve ser relevante e alinhado com seus valores, prioridades e objetivos mais amplos. Certifique -se de que o objetivo faça sentido no contexto de sua visão geral para o desenvolvimento pessoal ou profissional.

Exemplo: em vez de buscar uma meta que não seja relevante para suas aspirações, uma meta relevante pode ser "concluir um curso on -line em marketing digital para aprimorar as habilidades e as perspectivas de carreira".

Tempo limite:

Defina um prazo específico para atingir a meta. Um prazo cria um senso de urgência e ajuda a gerenciar o tempo de maneira eficaz. Ele também fornece um ponto de extremidade claro para avaliar o sucesso.

Exemplo: em vez de uma meta aberta como "Aprenda um novo idioma", uma meta de tempo limitada seria "alcançar a fluência de conversação em espanhol dentro de seis meses, dedicando 30 minutos diariamente à prática de idiomas".

Ao aplicar os critérios inteligentes ao seu processo de definição de metas, você aprimora a clareza, o foco e a viabilidade de seus objetivos. Essa estrutura é amplamente utilizada em vários campos, incluindo desenvolvimento pessoal, gerenciamento de projetos e estabelecimento de metas organizacionais, para promover o alcance de metas bem -sucedidas e estratégicas.

C. Alinhando hábitos com objetivos de longo prazo

Alinhar hábitos com objetivos de longo prazo é essencial para o desenvolvimento pessoal e profissional sustentado. Aqui estão algumas estratégias importantes para garantir que seus hábitos apóiem e contribuam para seus objetivos gerais:

Esclareça seus objetivos de longo prazo:

Defina claramente seus objetivos e aspirações de longo prazo. Entenda o que você deseja alcançar em diferentes áreas da sua vida, como carreira, saúde, relacionamentos e desenvolvimento pessoal. Essa clareza fornece uma base para alinhar hábitos com seus objetivos gerais.

Identifique as principais áreas para melhoria:

Avalie as áreas da sua vida em que você vê oportunidades de melhoria ou onde hábitos podem ter um impacto significativo. Identifique os comportamentos que, se praticados de forma consistente, contribuiriam para a conquista de seus objetivos de longo prazo.

Divida as metas de longo prazo em hábitos:

Divida seus objetivos de longo prazo em hábitos menores e gerenciáveis. Identifique as ações e comportamentos específicos que, quando executados de forma consistente, levarão ao progresso em direção a seus objetivos maiores. Essa abordagem passo a passo torna as metas mais alcançáveis.

Estabelecer hábitos de Keystone:

Os hábitos de pedra -chave são comportamentos fundamentais que têm um efeito cascata positivo em outras áreas da sua vida. Identifique e priorize os hábitos de Keystone alinhados com seus objetivos de longo prazo. Esses hábitos podem servir como catalisadores para mudanças positivas.

Crie um plano de implementação de hábitos:

Desenvolva um plano detalhado para implementar novos hábitos. Especifique a sugestão, rotina e recompensa por cada hábito, seguindo o modelo de loop de hábitos. Considere fatores como tempo, meio ambiente e gatilhos que apóiam a adoção bem - sucedida de cada hábito.

Priorize a consistência sobre a intensidade:

A consistência é fundamental ao criar hábitos alinhados com os objetivos de longo prazo. Concentre -se em estabelecer uma rotina e ser consistente em seus esforços. Ações pequenas e sustentáveis realizadas regularmente levam a resultados mais significativos e duradouros.

Incorpore hábitos nas rotinas diárias:

Integre seus novos hábitos em suas rotinas diárias. Alinhar hábitos com as rotinas existentes facilita a adoção. Por exemplo, se seu objetivo é ler mais, incorpore a leitura em sua rotina diária, fazendo isso durante um horário específico todos os dias.

Acompanhe o progresso e ajuste:

Acompanhe regularmente seu progresso em direção aos seus objetivos de longo prazo. Avalie a eficácia de seus hábitos e faça ajustes conforme necessário. Se certos hábitos não estiverem contribuindo para seus objetivos, considere modificá -los ou explorar comportamentos alternativos.

Cultive uma mentalidade de crescimento:

Abrace uma mentalidade de crescimento que vê os desafios como oportunidades de aprendizado e melhoria. Reconheça que os hábitos de construção alinhados com os objetivos de longo prazo são uma jornada, e os contratempos fazem parte do processo. Aprenda com as experiências e continue refinando seus hábitos.

Celebre os marcos:

Celebre as realizações ao longo do caminho. Reconheça e recompense -se quando chegar a marcos ou alcançar objetivos específicos. O reforço positivo aumenta a motivação e reforça a conexão entre hábitos e sucesso.

Procure responsabilidade e suporte:

Compartilhe seus objetivos e hábitos com amigos, familiares ou colegas que podem fornecer responsabilidade e suporte. Ter um sistema de suporte pode facilitar o comprometimento dos seus hábitos, especialmente durante os tempos desafiadores.

Ao alinhar seus hábitos com os objetivos de longo prazo, você cria uma relação sinérgica entre ações diárias e objetivos gerais. Praticar consistentemente hábitos que apóiam seus objetivos gera impulso ao longo do tempo, levando a um crescimento pessoal e profissional significativo e sustentável.

V. Criando um ambiente de formação de hábitos

Criar um ambiente de formação de hábitos envolve moldar o ambiente para apoiar e reforçar os comportamentos que você deseja se transformar em hábitos. Seu ambiente tem um impacto significativo em seus hábitos, influenciando pistas, rotinas e o loop geral de hábitos. Aqui estão estratégias para criar um ambiente de formação de hábitos:

Identifique gatilhos e dicas:

Reconheça as dicas ou gatilhos que levam seus hábitos desejados. Estes podem ser horários específicos do dia, locais, estados emocionais ou eventos. Uma vez identificado, aproveite essas dicas para solicitar os comportamentos que você deseja transformar em hábitos.

Torne os comportamentos desejados visíveis:

Aumente a visibilidade de pistas relacionadas aos hábitos desejados. Coloque lembretes, notas ou pistas visuais em locais de destaque para servir como lembretes constantes. Esse reforço visual ajuda a manter seus objetivos em foco.

Remova barreiras:

Elimine obstáculos ou barreiras que podem prejudicar o desempenho de seus hábitos desejados. Torne o mais fácil possível se envolver no comportamento que você deseja adotar. Isso pode envolver organizar seu ambiente, configurar as ferramentas necessárias ou remover distrações.

Projetar um espaço dedicado:

Crie um espaço dedicado em seu ambiente que seja propício ao hábito que você deseja desenvolver. Seja uma área de treino, um recanto de leitura ou um espaço de trabalho designado, ter um local específico para o comportamento pode melhorar a formação de hábitos.

Use tecnologia e ferramentas:

Aproveite a tecnologia e as ferramentas para apoiar seus hábitos. Defina lembretes no seu telefone, use aplicativos de rastreamento de hábitos ou empregue gadgets alinhados com seus objetivos. A tecnologia pode fornecer pistas e responsabilidade adicionais.

Estabelecer rituais:

Desenvolva rituais pré ou pós-comportamento que sinalizem o início ou o fim de um hábito. Esses rituais podem servir como dicas adicionais que reforçam o loop de hábitos e ajudam a tornar o comportamento mais automático.

Suporte social e responsabilidade:

Cerque -se de indivíduos que apóiam seus objetivos. Compartilhe seus hábitos com amigos, familiares ou colegas que podem fornecer incentivo, responsabilidade e reforço positivo. O apoio social fortalece seu ambiente de formação de hábitos.

Link hábitos às rotinas existentes:

Integrar novos hábitos nas rotinas existentes. Associe o comportamento desejado a ações que você já executa regularmente. Isso ajuda a ancorar o hábito em sua vida diária e minimiza o esforço necessário para estabelecê -lo.

Crie uma atmosfera positiva:

Promova uma atmosfera positiva e encorajadora em seu ambiente. Cerque -se de elementos que o inspiram e o motivam. Isso pode incluir citações, imagens ou símbolos edificantes relacionados aos seus objetivos.

Hábitos em lote:

Combine ou hábitos relacionados em lote para otimizar sua rotina. A realização de vários hábitos em sequência pode criar um fluxo natural e aumentar a eficiência. Isso ajuda a associar hábitos entre si e reforçar a rotina geral.

Sistema de recompensa:

Estabelecer um sistema de recompensa em seu ambiente. Associe a conclusão de um hábito com uma recompensa positiva para reforçar o comportamento. Pode ser um pequeno deleite, uma pausa ou qualquer outra forma de reforço positivo que seja significativo para você.

Avalie e ajuste regularmente:

Avalie periodicamente seu ambiente e faça ajustes com base em suas experiências e progresso. Se certos elementos do seu ambiente não forem propícios à formação de hábitos, considere fazer modificações para apoiar melhor seus objetivos.

Ao moldar intencionalmente seu ambiente para se alinhar com os hábitos desejados, você cria um ecossistema de apoio que aumenta a probabilidade de formação de hábitos. O objetivo é tornar os comportamentos desejados mais acessíveis, visíveis e agradáveis dentro do seu ambiente diário.

A. Projetando seu espaço físico para apoiar hábitos positivos

Projetar seu espaço físico para apoiar hábitos positivos envolve a criação de um ambiente que incentive e reforça os comportamentos que você deseja cultivar. Aqui estão dicas práticas para projetar um espaço que facilita o desenvolvimento de hábitos positivos:

Organizar e organizar:

Um espaço organizado e sem desordem pode afetar positivamente sua mentalidade e facilitar o envolvimento dos hábitos desejados. Limpe itens desnecessários, organize seus pertences e crie um ambiente limpo e visualmente atraente.

Crie um espaço de trabalho ou estudo dedicado:

Se seu objetivo envolver hábitos de trabalho ou estudo, designar uma área específica para essas atividades. Ter um espaço de trabalho dedicado ajuda a sinalizar o início e o fim das sessões de trabalho/estudo, melhorando o foco e a produtividade.

Configure uma zona de treino:

Designe um espaço para exercícios se você estiver tentando desenvolver um hábito de condicionamento físico. Pode ser um canto com equipamento de exercício, um tapete de ioga ou simplesmente uma área aberta para exercícios de peso corporal. Verifique se o espaço é convidativo e propício à atividade física.

Incorporar luz natural:

Maximize a exposição à luz natural em seu espaço. A luz natural tem numerosos benefícios à saúde e pode impactar positivamente seus níveis de humor e energia. Organize seus móveis e estações de trabalho para aproveitar a luz natural disponível.

Use as cores conscientes:

Considere os efeitos psicológicos das cores em seu ambiente. Algumas cores podem promover relaxamento, foco ou criatividade. Escolha as cores alinhadas com os objetivos do espaço específico, tendo em mente o humor e a atmosfera pretendidos.

Crie um canto de relaxamento:

Se seu objetivo envolver redução ou relaxamento do estresse, designar um canto aconchegante com assentos confortáveis, iluminação suave e itens que promovem relaxamento (como almofadas, cobertores ou decoração calmante).

Integrar plantas e elementos da natureza:

Traga elementos da natureza para o seu espaço incorporando plantas internas, texturas naturais ou obras de arte inspiradas na natureza. A exposição à natureza tem sido associada a melhorar o bem-estar e pode influenciar positivamente sua mentalidade.

Use pistas visuais personalizadas:

Exiba pistas visuais alinhadas com seus hábitos e objetivos. Isso pode incluir quadros de visão, citações motivacionais ou imagens que representam os resultados que você aspira a alcançar. Essas dicas servem como lembretes e fontes de inspiração.

Crie um recanto de leitura:

Se o seu hábito envolver a leitura, estabeleça um recanto de leitura confortável com uma cadeira aconchegante, boa iluminação e uma estante de livros. Faça um espaço convidativo que incentive sessões regulares de leitura.

Distrações limitadas:

Identifique e minimize possíveis distrações em seu ambiente. Crie um espaço focado e propício, removendo itens desnecessários ou organizando seu espaço de uma maneira que minimize as interrupções.

Configuração da tecnologia:

Organize sua tecnologia para apoiar seus hábitos. Certifique -se de que os dispositivos sejam carregados e acessíveis para hábitos de produtividade ou configurem uma estação de carregamento dedicada para incentivar a desconectação durante os tempos de relaxamento.

Invista em móveis e ferramentas de qualidade:

Considere investir em móveis ergonômicos e confortáveis que apóiam suas atividades. Ter as ferramentas e equipamentos certos para seus hábitos pode tornar a experiência mais agradável e sustentável.

Personalize seu espaço:

Infundir sua personalidade no espaço. A personalização cria um senso de propriedade e conforto. Exiba itens que lhe trazem alegria e contribuem para uma atmosfera positiva.

Lembre -se de que projetar seu espaço físico é um processo dinâmico. Avalie regularmente seu ambiente, faça ajustes conforme necessário e verifique se ele continua se alinhando aos seus hábitos e objetivos em evolução. Um espaço cuidadosamente projetado pode ser um aliado poderoso na busca de mudanças positivas de comportamento.

B. Remoção de obstáculos e distrações

Remover obstáculos e distrações do seu ambiente é uma etapa crucial para criar um espaço propício para o desenvolvimento de hábitos positivos. Minimizando possíveis barreiras e fontes de interrupção, você pode aumentar o foco, a produtividade e a probabilidade de formação de hábitos. Aqui estão estratégias para eliminar efetivamente obstáculos e distrações:

Identifique distrações:

Comece identificando as distrações e obstáculos específicos em seu ambiente. Isso pode incluir desordem, ruído, aparelhos desnecessários ou qualquer coisa que desvie sua atenção de suas atividades pretendidas.

Declare seu espaço:

Simplifique seu ambiente organizando. Remova itens desnecessários e organize seu espaço de uma maneira que promova clareza e ordem. Um espaço livre de desordem minimiza as distrações visuais e cria uma atmosfera mais focada.

Organize seu espaço digital:

Estenda a organização do seu ambiente digital. Organize seus arquivos, e -mails e aplicativos do computador. Cancelar a inscrição de listas de e -mail desnecessárias, organize sua área de trabalho e crie pastas para manter os espaços digitais arrumados.

Estabelecer um espaço de trabalho dedicado:

Crie um espaço de trabalho dedicado para atividades específicas. Esta pode ser uma área designada para trabalho, estudo ou uma tarefa focada. Ter um espaço dedicado ajuda a sinalizar o início e o fim dessas atividades, reduzindo a probabilidade de distrações.

Defina limites claros:

Comunique e defina limites claros com outras pessoas compartilhando seu espaço. Informe os membros da família, colegas de quarto ou colegas quando você precisa de tempo ininterrupto para se concentrar em seus hábitos. O estabelecimento de limites ajuda a criar um ambiente respeitoso e de apoio.

Use os modos não perturbar:

Aproveite os modos "não perturbe" em seus dispositivos. Ative esse recurso durante as sessões focadas de trabalho ou de construção de hábitos para minimizar as notificações e interrupções de chamadas, mensagens ou alertas de aplicativos.

Estabelecer uma rotina:

Desenvolva uma rotina consistente para seus hábitos. Estabeleça tempos específicos para o trabalho, relaxamento e outras atividades focadas. Uma rotina previsível ajuda seu cérebro a se adaptar aos períodos de concentração designados, facilitando a minimização das distrações.

Priorizar tarefas:

Priorize suas tarefas para garantir que você esteja se concentrando nas atividades mais importantes. O combate às tarefas de alta prioridade primeiro pode criar uma sensação de realização e reduzir a tentação de procrastinar ou ser distraída por atividades menos críticas.

Use técnicas de gerenciamento de tempo:

Empregar técnicas de gerenciamento de tempo, como a técnica Pomodoro, o bloqueio do tempo ou a matriz de Eisenhower. Esses métodos ajudam a estruturar seu tempo, a alocar períodos focados e reduzir o risco de multitarefa ou sucumbir às distrações.

Remova gadgets desnecessários:

Identifique e remova gadgets ou itens desnecessários que não são essenciais para sua tarefa atual. Por exemplo, mantenha apenas as ferramentas necessárias em sua mesa e armazene outros itens fora de vista para minimizar as distrações visuais.

Crie uma zona livre de distração:

Designe áreas ou horários específicos como zonas sem distração. Por exemplo, estabeleça uma regra para manter a mesa de jantar ou seu espaço de trabalho livre de distrações como televisão ou materiais de trabalho não relacionados durante determinadas horas.

Use fones de ouvido com cancelamento de ruído:

Se o ruído for uma distração significativa, considere usar fones de ouvido com cancelamento de ruído para criar um ambiente auditivo mais focado. Ouça música instrumental ou ruído branco se ajudar você a se concentrar.

Pratique a atenção plena:

Incorpore práticas de atenção plena para permanecer presente e focado. Técnicas como respiração profunda ou meditação podem ajudá -lo a resistir ao desejo de sucumbir a distrações e manter a concentração em seus hábitos.

A aplicação consistente dessas estratégias ajudará você a criar um ambiente que suporta hábitos positivos, removendo obstáculos e distrações desnecessários. Ao cultivar um espaço mais intencional e focado, você provavelmente achará mais fácil se envolver e sustentar os comportamentos desejados.

C. cercando -se com influências de apoio

Cercar -se de influências de apoio é uma estratégia poderosa para o desenvolvimento pessoal e de hábitos. Relacionamentos positivos e um ambiente de apoio podem afetar significativamente sua mentalidade, motivação e capacidade de estabelecer e manter hábitos positivos. Aqui estão maneiras de cultivar uma rede e ambiente de apoio:

Identifique indivíduos de apoio:

Reconheça e identifique os indivíduos em sua vida que apoiam seus objetivos e hábitos. Estes podem ser amigos, membros da família, colegas, mentores ou colegas de espírito semelhante que compartilham aspirações semelhantes.
Comunique seus objetivos:

Compartilhe seus objetivos e hábitos com aqueles próximos a você. A comunicação de suas intenções não apenas promove a responsabilidade, mas também abre a porta para encorajamento, conselhos e apoio de outras pessoas.

Cerque -se de influências positivas:

Passe um tempo com pessoas que exibem hábitos e atitudes positivas. Cercando -se de indivíduos que inspiram e elevam, você pode criar um ambiente propício ao crescimento pessoal e à mudança de comportamento positivo.

Junte -se a comunidades ou grupos:

Procure comunidades ou grupos alinhados com seus interesses e objetivos. Seja online ou pessoalmente, fazer parte de uma comunidade fornece uma plataforma para experiências compartilhadas, motivação e suporte mútuo.

Encontre um parceiro de responsabilidade:

Identifique um parceiro de responsabilidade que compartilha objetivos ou hábitos semelhantes. Essa pessoa pode incentivar, fazer check-in sobre seu progresso e oferecer feedback construtivo. A responsabilidade mútua fortalece seu compromisso com hábitos positivos.

Participe de atividades de apoio:

Envolva -se em atividades e eventos que apóiam seus objetivos. Seja participando de workshops, aulas ou encontros, a participação de ambientes que se alinham com suas aspirações aumenta a probabilidade de conhecer indivíduos de apoio.

Limite a exposição a influências negativas:

Minimize a exposição a indivíduos ou ambientes que podem prejudicar seu progresso ou desencorajar seus esforços. Embora possa não ser possível eliminar completamente as influências negativas, opte conscientemente por passar mais tempo com aqueles que elevam e apoiam você.

Procure orientação profissional:

Considere buscar orientação de profissionais ou mentores que tenham experiência nas áreas em que você está trabalhando. Seu conhecimento e experiência podem fornecer informações e orientações valiosas sobre sua jornada.

Crie um ambiente doméstico positivo:

Promova uma atmosfera positiva em casa, incorporando elementos que inspiram e apóiam seus hábitos. Isso pode incluir a criação de espaços dedicados para suas atividades, exibindo cotações motivacionais ou envolvimento em rituais positivos compartilhados com membros da família.

Expressar gratidão:

Reconheça e expresse gratidão pelas influências de apoio em sua vida. Esse reconhecimento positivo reforça suas conexões e cria uma atmosfera recíproca de encorajamento.

Participe de desafios do grupo:

Junte -se aos desafios ou iniciativas do grupo relacionados aos seus hábitos. Seja um desafio de fitness, um clube de leitura ou um grupo de desenvolvimento profissional, participar de esforços coletivos pode fornecer motivação e um senso de comunidade.

Celebrar sucessos juntos:

Compartilhe e celebrar suas realizações com sua rede de apoio. Celebrar sucessos juntos reforça uma mentalidade positiva e incentiva o progresso contínuo.

Seja uma fonte de apoio a outros:

Reciprocidade é fundamental. Seja uma influência de apoio para outros que buscam seus objetivos e hábitos. Oferecer incentivo e assistência promove uma cultura de apoio mútuo e cria um ciclo de feedback positivo.

Lembre-se de que as pessoas com as quais você se cercam e o ambiente que você cria podem impactar significativamente seus hábitos e bem-estar geral. O cultivo de uma rede e ambiente de apoio aprimora sua resiliência, motivação e a probabilidade de integrar com sucesso hábitos positivos em sua vida.

Vi. O poder da consistência

O poder da consistência é um princípio fundamental no desenvolvimento pessoal e na formação de hábitos. A consistência refere -se à capacidade de executar repetidamente determinadas ações, comportamentos ou hábitos ao longo do tempo. Aqui está por que a consistência é tão poderosa:

Forms hábitos:

A consistência é a chave para a formação de hábitos. Quando você consistentemente se envolve em um comportamento, seu cérebro começa a conectar vias neurais associadas a essa ação, tornando -a mais automática e arraigada com o tempo.

Cria impulso:

Ações consistentes criam impulso. À medida que você continua a ter um hábito regularmente, o efeito cumulativo gera impulso, facilitando a sustentação do comportamento e alcançam resultados positivos.

Estabelece uma rotina:

A consistência ajuda a estabelecer rotinas. Ter uma rotina regular fornece estrutura e previsibilidade, reduzindo a fadiga da decisão e facilitando a prioridade e a realização de tarefas.

Cria um senso de disciplina:

A consistência é uma expressão de disciplina. Requer autocontrole e a capacidade de priorizar as metas de longo prazo em relação aos impulsos de curto prazo. O desenvolvimento de uma abordagem consistente cultiva a disciplina em vários aspectos da vida.

Aumenta o desenvolvimento de habilidades:

Esteja você aprendendo uma nova habilidade ou melhorando as existentes, a consistência é crucial. A prática regular permite refinar e aprimorar suas habilidades, levando a uma melhoria contínua.

Cria confiança e confiabilidade:

A consistência nas ações cria confiança, tanto em si e aos olhos dos outros. Ser confiável e previsível em seus hábitos promove um senso de confiabilidade e confiabilidade.

Supera a procrastinação:

A consistência ajuda a superar a procrastinação. Dividir tarefas em etapas pequenas e gerenciáveis e trabalhar constantemente nelas reduz a probabilidade de procrastinação e facilita o progresso.

Incentiva o reforço positivo:

Esforço consistente traz resultados positivos, levando a reforço positivo. Experimentar as recompensas de suas ações reforça o loop de hábitos, aumentando a probabilidade de continuar o comportamento.

Cultivar uma mentalidade de crescimento:

Uma abordagem consistente está alinhada com uma mentalidade de crescimento, que vê desafios e contratempos como oportunidades de aprendizado e melhoria. Abraçar a consistência promove uma mentalidade resiliente e adaptativa.

Melhora o gerenciamento de tempo:

A consistência aprimora as habilidades de gerenciamento de tempo. Priorizar e dedicar tempo a atividades específicas melhora regularmente a eficiência e ajuda a fazer melhor uso do seu tempo.

Promove o sucesso de longo prazo:

O sucesso a longo prazo é frequentemente o resultado de um esforço consistente e sustentado. Seja em relacionamentos pessoais, carreira ou saúde, a capacidade de permanecer consistente com o tempo contribui para superar o sucesso.

Reduz a fadiga de tomada de decisão:

A consistência reduz a fadiga da tomada de decisão. Quando certos comportamentos se tornam rotineiros, você gasta menos energia mental decidindo se deve ou não se envolver neles, deixando mais recursos cognitivos para outras tarefas.

Cria um sentimento de conquista:

Trabalhar consistentemente em direção a seus objetivos e realizar tarefas cria um sentimento de conquista e satisfação. Esses sentimentos positivos contribuem para uma mentalidade motivada e positiva.

Promove a responsabilidade:

A consistência é uma expressão de responsabilidade. Quando você se compromete com ações consistentes, você se responsabiliza por suas escolhas e comportamentos.

Em resumo, o poder da consistência está em sua capacidade de moldar hábitos, criar impulso, promover a disciplina e contribuir para o sucesso a longo prazo. Ao assumir um compromisso com ações consistentes e positivas, os indivíduos podem alcançar mudanças significativas e duradouras em vários aspectos de suas vidas.

A. estabelecendo uma rotina

Estabelecer uma rotina é uma maneira poderosa de trazer estrutura e consistência à sua vida diária. As rotinas ajudam a gerenciar o tempo de maneira eficaz, reduzir a fadiga da decisão e criar uma estrutura para incorporar hábitos positivos. Aqui está um guia passo a passo sobre como estabelecer uma rotina:

Defina seus objetivos e prioridades:

Identifique seus objetivos de curto e longo prazo. Compreender suas prioridades permite estruturar sua rotina em torno de atividades alinhadas com seus objetivos.

Avalie sua programação atual:

Avalie sua programação diária atual. Identifique rotinas, compromissos e bloqueios de tempo existentes. Esta avaliação fornece informações sobre seus padrões diários e ajuda a identificar áreas para melhorar.

Defina expectativas realistas:

Seja realista sobre o seu tempo e as restrições de energia. Evite sobrecarregar sua programação, pois isso pode levar ao esgotamento. Estabeleça metas alcançáveis e estabeleça uma rotina que acomoda suas responsabilidades e prioridades.

Priorize o autocuidado:

Priorize atividades de autocuidado, como sono, nutrição e exercício adequados. Certifique-se de que sua rotina inclua tempo para atividades que contribuam para o seu bem-estar físico e mental.

Crie uma programação diária:

Desenvolva uma programação diária que descreve suas atividades de manhã à noite. Inclua blocos de tempo específicos para trabalho, desenvolvimento pessoal, refeições, exercícios e relaxamento. Uma representação visual ajuda você a ver como seu dia está estruturado.

Comece pequeno e construa gradualmente:

Se você não estiver acostumado a uma rotina estruturada, comece pequeno e construa gradualmente com o tempo. Introduzir um ou dois novos hábitos ou atividades por vez para tornar o ajuste mais gerenciável.

Estabeleça o despertar consistente e a hora de dormir:

Defina rotinas de despertar e hora de dormir consistentes. Ter um cronograma de sono regular ajuda a regular o relógio interno do seu corpo e melhora a qualidade geral do sono.

Inclua tempo de buffer:

Permita o tempo de buffer entre as atividades para acomodar atrasos ou transições inesperadas. Isso ajuda a evitar o estresse e permite um fluxo mais suave ao longo do dia.

Determine os blocos de foco:

Identifique blocos de tempo específicos para trabalho focado ou trabalho profundo. Dedique períodos ininterruptos para resolver tarefas importantes, minimizando as distrações durante esses blocos de foco.

Incorporar pausas:

Integrem breves intervalos na sua rotina para recarregar. As quebras são essenciais para manter a produtividade e impedir o esgotamento. Considere atividades como alongar, caminhar ou levar alguns momentos para respirar profunda.

Inclua tempo para reflexão:

Alocar tempo para reflexão ou diário. Refletir sobre seus objetivos, realizações e desafios aumenta a autoconsciência e permite uma melhoria contínua.

Lote tarefas semelhantes:

Agrupe tarefas semelhantes para aumentar a eficiência. As atividades de lotes reduzem a carga cognitiva associada à alternância entre diferentes tipos de tarefas.

Fique flexível:

Embora as rotinas forneçam estrutura, é importante permanecer flexível. A vida pode ser imprevisível, e ser adaptável permite que você ajuste sua rotina, quando necessário, sem se sentir sobrecarregado.

Comunique sua rotina:

Comunique sua rotina àqueles que podem ser afetados por ela, como membros da família ou colegas. Essa transparência ajuda a gerenciar as expectativas e promove a compreensão.

Avalie e ajuste regularmente:

Avalie regularmente a eficácia da sua rotina. Avalie se se alinha com seus objetivos, se forem necessários ajustes e se certas atividades devem ser adicionadas ou removidas.

Seja paciente e persistente:

Estabelecer uma rotina leva tempo e persistência. Seja paciente consigo mesmo à medida que se adaptar à nova estrutura e permanecer persistente em seu compromisso com hábitos positivos e consistência.

Lembre -se de que as rotinas são pessoais e devem ser adaptadas às suas necessidades e preferências exclusivas. Praticar consistentemente sua rotina ajuda a se tornar uma parte natural da sua vida diária, contribuindo para aumentar a produtividade, o bem-estar e a consecução de seus objetivos.

B. Rituais diários para o sucesso

Os rituais diários podem desempenhar um papel significativo na promoção do sucesso, criando uma rotina estruturada e intencional. Aqui estão alguns rituais diários que os indivíduos de sucesso costumam incorporar em suas vidas:

Rotina matinal:

Acorde cedo: muitos indivíduos bem -sucedidos atribuem parte de seu sucesso a acordar cedo, proporcionando tempo extra para reflexão e preparação.

Hidratação e nutrição: comece o dia com um copo de água para hidratar seu corpo. Considere um café da manhã nutritivo para alimentar sua energia durante o dia.

Mindfulness and Reflection:

Meditação ou atenção plena: incorpore alguns minutos de meditação ou atenção plena para estabelecer um tom positivo para o dia. Concentre -se na respiração e cultive uma mentalidade calma e centrada.

Jornal: Anote seus pensamentos, objetivos e intenções para o dia. Refletir sobre suas prioridades pode trazer clareza e propósito.

Exercício físico:

Exercício da manhã: envolva-se em atividade física para aumentar os níveis de energia e aprimorar o bem-estar geral. Isso pode incluir um treino, ioga ou uma caminhada rápida.

Priorize as tarefas mais importantes (MITs):

Priorização da tarefa: identifique e priorize as tarefas mais importantes que você precisa realizar durante o dia. Concentre -se em concluir essas tarefas antes de abordar atividades menos críticas.

Aprendizagem e desenvolvimento pessoal:

Leitura ou aprendizado: reserve um tempo para ler ou aprender. Indivíduos bem -sucedidos geralmente dedicam tempo todos os dias a adquirir novos conhecimentos e habilidades.

Bloqueios e quebras de trabalho:

Bloqueio de tempo: organize seu dia de trabalho em blocos de tempo focados. Alocar períodos específicos para tarefas e intercalá -las com intervalos curtos para manter a produtividade.
Refeições e hidratação saudáveis:

Refeições nutritivas: planeje e desfrute de refeições saudáveis ao longo do dia para apoiar os níveis sustentados de energia. Mantenha -se hidratado com água potável regularmente.

Redes e construção de relacionamentos:

Conecte -se com outras pessoas: reserve um tempo para entrar em contato com colegas, mentores ou contatos do setor. Construir e manter relacionamentos profissionais é crucial para o sucesso.

Revisão diária de metas:

Revise as metas: reflita sobre suas metas de curto e longo prazo. Avalie o progresso, celebra as realizações e faça os ajustes necessários para permanecer no caminho certo.

Rotina de vento noturno:

Desintoxicação digital: desconecte -se das telas e dispositivos eletrônicos pelo menos uma hora antes de dormir. Isso promove uma melhor qualidade do sono.
Prática de gratidão: cultive um senso de gratidão refletindo sobre

aspectos positivos do dia. Essa prática pode melhorar o bem-estar geral.

Sono de qualidade:

Estabeleça uma rotina de sono: crie uma rotina consistente de hora de dormir para sinalizar seu corpo que é hora de diminuir. Aponte para 7-9 horas de sono de qualidade a cada noite.

Visualização e afirmações:

Visualização: gaste alguns minutos visualizando seus objetivos e sucesso. Imagine -se alcançando suas aspirações.

Afirmações: use afirmações positivas para reforçar uma mentalidade confiante e otimista.

Calendário digital e planejamento:

Cronograma de revisão: verifique seu calendário digital e planeje o dia seguinte. Isso ajuda você a começar a manhã com uma compreensão clara de sua programação.

Técnicas de relaxamento graduadas:

Técnicas de relaxamento: incorporam práticas de relaxamento, como respiração profunda ou relaxamento muscular progressivo para gerenciar o estresse e promover a calma.

Conecte -se com os entes queridos:

Tempo de qualidade: gaste tempo com a família ou amigos. Construir e nutrir conexões pessoais contribui para a felicidade e o sucesso gerais.
É importante observar que o que funciona para uma pessoa pode

não funcionar para outra. Adapte esses rituais para se adequar ao seu estilo de vida e preferências. A consistência é a chave - a implementação desses rituais diariamente pode contribuir para um estilo de vida positivo e bem -sucedido ao longo do tempo.

C. Superando desafios e contratempos

Superar desafios e contratempos é uma parte inevitável da vida, e como você responde a eles desempenha um papel crucial em seu desenvolvimento pessoal e profissional. Aqui estão estratégias para navegar e superar os desafios de maneira eficaz:

Mantenha uma mentalidade positiva:

Cultive uma mentalidade positiva que vê os desafios como oportunidades de crescimento. Em vez de morar nos contratempos, concentre -se no que você pode aprender com a experiência e como ela pode contribuir para o seu desenvolvimento pessoal.

Abrace uma mentalidade de crescimento:

Adote uma mentalidade de crescimento, que vê os desafios como parte natural do processo de aprendizagem. Entenda que habilidades e inteligência podem ser desenvolvidas através do esforço e perseverança.

Divida os desafios em etapas menores:

Divida desafios maiores em etapas menores e mais gerenciáveis. Essa abordagem torna a tarefa menos esmagadora e permite que você a enfrente sistematicamente.

Defina expectativas realistas:

Defina expectativas realistas para si mesmo. Esteja atento às suas limitações e reconheça que os contratempos são uma parte normal de qualquer jornada. Ajuste suas expectativas, se necessário, e concentre -se no progresso e não na perfeição.

Aprenda com os contratempos:

Veja os contratempos como experiências valiosas de aprendizado. Identifique os fatores que contribuíram para o desafio e considere como você pode aplicar essas lições a situações futuras. O aprendizado contínuo é um componente essencial da resiliência.

Procure feedback:

Entre em contato com mentores, colegas ou amigos para obter feedback e conselhos. Perspectivas externas podem oferecer informações e soluções alternativas para os desafios que você está enfrentando.

Desenvolva habilidades de solução de problemas:

Aprimore suas habilidades de solução de problemas, abordando os desafios com uma mentalidade sistemática e analítica. Divida o problema em seus componentes, considere soluções em potencial e escolha o curso de ação mais eficaz.

Crie um sistema de suporte:

Cerque -se de uma rede de apoio de amigos, familiares, colegas ou mentores. Ter pessoas para se apoiar durante tempos desafiadores fornece apoio emocional e diferentes perspectivas.

Pratique resiliência:

A resiliência é a capacidade de se recuperar da adversidade. Desenvolva resiliência reconhecendo suas emoções, mantendo um senso de humor e focando soluções, em vez de morar nos problemas.

Fique flexível e adapte:

Seja flexível em sua abordagem aos desafios. Às vezes, eventos inesperados exigem uma mudança de estratégia. A adaptabilidade é uma habilidade valiosa na navegação nas incertezas da vida.

Celebrar pequenas vitórias:

Celebre até pequenas vitórias ao longo do caminho. Reconhecer e apreciar seu progresso, por mais incremental, aumenta sua confiança e motivação para continuar.

Mantenha um estilo de vida saudável:

Priorize seu bem-estar físico e mental. O exercício regular, uma dieta equilibrada e o sono suficiente contribuem para a resiliência geral e sua capacidade de lidar com os desafios.

Os contratempos como oportunidades de reinvenção:

Use os contratempos como oportunidades de reinvenção. Avalie se existem áreas em sua vida ou trabalho que podem ser melhoradas ou transformadas. Às vezes, os desafios levam a soluções inovadoras e novas direções.

Concentre -se no que você pode controlar:

Concentre -se em aspectos da situação que você pode controlar. Tentar controlar fatores além da sua influência pode ser contraproducente. Direcione sua energia para etapas acionáveis.

Persiste e perseverar:

A persistência é fundamental ao superar os desafios. Perseverar através de dificuldades, manter seu compromisso com seus objetivos e lembre -se de que os contratempos são temporários.

Lembre -se de que superar os desafios é uma habilidade que se desenvolve com a prática. Ao abordar os desafios com uma mentalidade positiva, aprender com as experiências e buscar apoio quando necessário, você pode navegar de maneira eficaz de contratempos e emergir mais forte do outro lado.

Vii. Construindo hábitos positivos

Construir hábitos positivos é um processo transformador que envolve ações consistentes e intencionais para melhorar os aspectos de sua vida. Aqui estão algumas etapas para ajudá -lo a estabelecer e manter hábitos positivos:

Defina objetivos claros e específicos:

Defina claramente os objetivos associados ao hábito positivo que você deseja construir. Torne seus objetivos específicos, mensuráveis, alcançáveis, relevantes e limitados (inteligentes) para fornecer uma direção clara.

Comece pequeno:

Comece com etapas pequenas e gerenciáveis. Começar com mudanças modestas, facilita a integração de novos comportamentos em sua rotina, reduzindo a probabilidade de se sentir sobrecarregado.

Crie um gatilho ou sugestão:

Associe seu novo hábito a uma rotina existente ou uma sugestão específica. Isso ajuda a ancorar o hábito de um contexto familiar e facilita a lembrança de realizar o comportamento.

Defina um cronograma:

Estabeleça um cronograma consistente para o seu hábito. A consistência é essencial para a formação de hábitos e ter um tempo específico dedicado ao comportamento reforça sua importância.

Use empilhamento de hábitos:

Combine seu novo hábito com um existente. Isso é conhecido como empilhamento de hábitos, onde você vincula o novo comportamento a um hábito que já tem. Por exemplo, se você deseja estabelecer uma rotina de alongamento, faça -o logo após escovar os dentes pela manhã.

Monitore o progresso:

Acompanhe seu progresso. Use um diário, aplicativo ou qualquer outro método de rastreamento para monitorar sua consistência e celebrar pequenas vitórias ao longo do caminho.

Parceiro de responsabilidade:

Compartilhe seus objetivos com um amigo ou membro da família que pode atuar como um parceiro de responsabilidade. Ter alguém para apoiar e incentivá -lo aumenta a probabilidade de manter seus hábitos positivos.

Lembretes visuais:

Crie lembretes visuais em seu ambiente. Notas de postagem, use almofadas pegajosas ou defina lembretes digitais para manter seu hábito no topo da mente.

Celebre os marcos:

Celebrar marcos e realizações. Reconhecer seu progresso, seja grande ou pequeno, reforça o comportamento positivo e o motiva a continuar.

Fique consistente:

A consistência é crucial para a formação de hábitos. Mesmo nos dias em que é desafiador, lute para manter o hábito. A consistência ajuda a solidificar o comportamento como parte rotineira de sua vida.

Adaptar -se aos desafios:

Antecipar desafios e esteja preparado para se adaptar. A vida é dinâmica e os obstáculos podem surgir. Desenvolva estratégias para navegar por contratempos e ajustar sua abordagem conforme necessário.

Incorporar diversão:

Torne seu hábito agradável. Encontre maneiras de tornar o comportamento positivo mais agradável ou gratificante. Quando você associa o prazer ao hábito, é mais provável que fique com ele.

Refletir e ajustar:

Avalie regularmente seu hábito e seu impacto em sua vida. Reflita sobre se o comportamento está alinhado com seus objetivos e valores. Se forem necessários ajustes, esteja disposto a modificar sua abordagem.

Construa um ambiente de formação de hábitos:

Modele seu ambiente para apoiar seu hábito positivo. Crie um espaço que facilite o envolvimento do comportamento e minimize os obstáculos.

Paciência e perseverança:

Os hábitos de construção levam tempo. Seja paciente consigo mesmo e mantenha -se comprometido com o processo. Perseverar através de desafios e entender que formar hábitos positivos é uma jornada.

Lembre -se de que construir hábitos positivos é um processo gradual e os contratempos são normais. Esforço consistente, paciência e uma mentalidade positiva contribuem para o sucesso a longo prazo na formação de hábitos.

A. Identificando hábitos -alvo para o sucesso

A identificação de hábitos -alvo para o sucesso envolve a seleção de comportamentos ou ações específicas que, quando praticadas consistentemente, contribuem para seus objetivos pessoais e profissionais. Aqui estão algumas etapas para ajudá -lo a identificar hábitos -alvo para o sucesso:

Esclareça seus objetivos:

Comece esclarecendo seus objetivos de curto e longo prazo. Seus hábitos devem se alinhar com esses objetivos. Defina claramente como é o sucesso para você em várias áreas da sua vida, como carreira, saúde, relacionamentos e desenvolvimento pessoal.

Priorizar as metas:

Priorize seus objetivos com base no significado e no impacto deles. Identifique os objetivos que, quando alcançados, teriam a influência mais positiva no seu sucesso e bem-estar gerais.

Divida os objetivos em hábitos:

Divida cada objetivo em hábitos menores e acionáveis. Considere os comportamentos ou ações específicas que, quando praticadas consistentemente, contribuirão para a consecução do objetivo maior.

Considere os hábitos de Keystone:

Os hábitos de pedra -chave são comportamentos poderosos que podem levar ao desenvolvimento de outros hábitos positivos. Identifique os hábitos de Keystone que, quando estabelecidos, podem ter um efeito cascata positivo em outros aspectos de sua vida.

Avalie os hábitos atuais:

Avalie seus hábitos e comportamentos atuais. Identifique hábitos que estão apoiando seus objetivos e aqueles que podem estar impedindo seu progresso. Avaliar seus hábitos existentes fornece informações sobre áreas onde podem ser necessários ajustes.

Concentre-se em hábitos de alto impacto:

Identifique hábitos com um alto impacto no seu sucesso. Esses são comportamentos que, quando praticados consistentemente, produzem resultados significativos. Priorize esses hábitos de alto impacto em sua rotina diária.

Considere o loop de hábitos:

Entenda o loop de hábitos, que consiste em uma sugestão, rotina e recompensa. Identifique sugestões que desencadeiam hábitos existentes e considere como você pode criar um loop de hábitos positivos para seus hábitos -alvo.

Alinhado com os valores centrais:

Certifique -se de que seus hábitos de destino alinhem com seus valores principais. Os hábitos que ressoam com seus valores têm maior probabilidade de serem significativos e sustentáveis a longo prazo.

Concentre -se no comportamento, não resultado:

Mude seu foco de metas baseadas em resultados para objetivos baseados em comportamento. Concentre -se nas ações específicas que você precisa tomar diariamente, e não apenas no resultado final. Comportamentos positivos consistentes levam a resultados bem -sucedidos.

Considere a saúde e o bem-estar:

Inclua hábitos que priorizam sua saúde física e mental. Uma base de bem-estar aprimora sua capacidade geral de ter sucesso em outras áreas da sua vida.

Conta de equilíbrio entre vida profissional e pessoal:

Ligue para o equilíbrio em seus hábitos. Considere hábitos que contribuem para o sucesso na sua vida profissional e pessoal. O equilíbrio é essencial para o sucesso e o bem-estar sustentados.

Pense a longo prazo:

Considere a sustentabilidade a longo prazo de seus hábitos. Escolha comportamentos que você possa manter realisticamente durante um período prolongado. Evite hábitos que podem levar a esgotamento ou não estão alinhados com o seu estilo de vida.

Procure informações de outros:

Procure informações de mentores, colegas ou amigos. Outros podem oferecer perspectivas valiosas sobre hábitos que foram eficazes para eles ou fornecer informações sobre áreas onde você pode melhorar.

Seja flexível e adaptável:

Esteja aberto a ajustar seus hábitos com base nas mudanças de circunstâncias ou feedback. Flexibilidade e adaptabilidade são qualidades importantes na formação de hábitos bem -sucedidos.

Comprometer -se com a melhoria contínua:

Abrace uma mentalidade de melhoria contínua. Avalie e refine regularmente seus hábitos com base em seus objetivos e prioridades em evolução.

Identificar hábitos -alvo para o sucesso requer consideração atenciosa e uma abordagem estratégica. Ao alinhar seus hábitos com seus objetivos, valores e bem-estar, você pode criar uma base para o sucesso sustentado e o crescimento pessoal.

B. Progressão gradual e pequenas vitórias

Progressão gradual e celebrar pequenas vitórias são componentes essenciais da construção de hábitos positivos e alcançar o sucesso a longo prazo. Eis por que esses conceitos são cruciais e como você pode incorporá -los em sua jornada:

A progressão gradual leva a mudanças sustentáveis:

A progressão gradual envolve fazer pequenas mudanças incrementais ao longo do tempo. Essa abordagem é mais sustentável e permite criar hábitos sem se sentir sobrecarregado.

Adaptação comportamental:

É mais provável que seu cérebro se adapte a mudanças graduais. Ao apresentar lentamente novos comportamentos, você dá tempo ao seu cérebro para se ajustar, facilitando a integração desses comportamentos em sua rotina.

Evitando sobrecarregar:

Fazer mudanças drásticas pode levar a sobrecarga e esgotamento. A progressão gradual minimiza o estresse e permite que você se ajuste a novos hábitos em um ritmo adequado ao seu estilo de vida.

Construindo confiança:

Conseguir pequenos marcos através da progressão gradual cria confiança. O sucesso em pequenos passos reforça a crença de que você pode fazer mudanças positivas, aumentando sua motivação.

Melhoria incremental:

Com o tempo, pequenas alterações se compostas para criar melhorias significativas. O efeito cumulativo do progresso consistente e incremental leva a resultados positivos substanciais.

Pequenas vitórias aumentam a motivação:

Comemorar pequenas vitórias fornecem reforço positivo imediato. Esse sentimento de conquista aumenta sua motivação e incentiva você a continuar trabalhando em direção a seus objetivos.

Foster uma mentalidade positiva:

Reconhecer e celebrar pequenas vitórias promove uma mentalidade positiva. Ele muda seu foco do que você não alcançou para o que realizou, criando uma perspectiva mais otimista.

Cria impulso:

Pequenas vitórias criam impulso. Alcançar o sucesso, mesmo em tarefas menores, o impulsiona e facilita a combinação de objetivos mais desafiadores.

Estabelece um loop de hábitos:

Celebrar pequenas vitórias forma um loop de hábitos. A recompensa e o reforço positivo associados à realização de uma tarefa fortalecem o loop de hábitos, aumentando a probabilidade de repetir o comportamento.

Reduz a procrastinação:

Dividir objetivos maiores em tarefas menores e gerenciáveis com pequenas vitórias correspondentes reduz a probabilidade de procrastinação. A sensação de realização o motiva a continuar.

Fornece feedback:

Pequenas vitórias fornecem feedback valioso sobre seu progresso. Eles ajudam você a avaliar o que está funcionando bem, o que precisa de ajuste e como você pode refinar sua abordagem no futuro.

Aumenta a resiliência:

Celebrar regularmente pequenas vitórias contribui para sua resiliência. Isso reforça sua capacidade de superar desafios e contratempos, facilitando a recuperação das dificuldades.

Aumenta o desfrute do processo:

Celebrar pequenas vitórias torna a jornada agradável. Isso acrescenta uma sensação de diversão e realização ao processo de hábitos de construção, aumentando a probabilidade de manter seus comportamentos positivos.

Incorporando progressão gradual e pequenas vitórias:

Estabeleça metas realistas:

Defina objetivos realistas e alcançáveis que podem ser divididos em tarefas menores. Isso prepara o cenário para a progressão gradual.

Quebrar tarefas:

Divida objetivos maiores em etapas gerenciáveis. Concentre -se em concluir cada etapa antes de passar para o próximo, comemorando pequenas vitórias ao longo do caminho.

Estabelecer marcos:

Identifique marcos que marquem seu progresso. Estes podem ser semanalmente, mensais ou baseados em realizações específicas. Comemore cada marco para reconhecer seu sucesso.

Crie um sistema de recompensas:

Desenvolva um sistema de recompensas para si mesmo. Trate -se de algo agradável ou reconheça suas realizações de maneira significativa quando chegar a uma pequena vitória.

Mantenha um diário de progresso:

Mantenha um diário de progresso para documentar sua jornada. Registre suas pequenas vitórias e reflita sobre como elas contribuem para seus objetivos gerais.

Compartilhar conquistas:

Compartilhe suas realizações com outras pessoas. Celebrar pequenas vitórias com amigos, familiares ou colegas adiciona um componente social que aumenta o reforço positivo.

Ajustar e adaptar:

Seja flexível em sua abordagem. Se você encontrar desafios, ajuste sua estratégia e celebra sua capacidade de se adaptar e encontrar soluções.

Lembre -se, a jornada em direção ao sucesso é uma série de pequenos passos. Abrace a progressão gradual, celebre suas pequenas vitórias e aproveite o processo de construção de hábitos positivos que levam ao sucesso a longo prazo.

C. Rastreando e medindo o progresso

Rastrear e medir o progresso é um aspecto crucial do desenvolvimento pessoal e profissional. Ele fornece informações sobre suas realizações, ajuda você a se manter motivado e permite ajustes em suas estratégias. Aqui estão algumas maneiras eficazes de rastrear e medir o progresso:

1. Defina metas claras e mensuráveis:

Comece estabelecendo objetivos claros, específicos e mensuráveis. Defina como é o sucesso para cada objetivo, incluindo métricas específicas que podem ser rastreadas.

2. Use critérios inteligentes:

Certifique-se de que seus objetivos sejam inteligentes: específicos, mensuráveis, alcançáveis, relevantes e limitados. Essa estrutura fornece uma abordagem estruturada para a definição e a medição de metas.

3. Divida as metas em marcos:

Divida objetivos maiores em marcos menores e alcançáveis. O progresso do rastreamento se torna mais gerenciável quando você se concentra em concluir tarefas menores que contribuem para a meta geral.

4. Crie um plano de progresso:

Desenvolva um plano detalhado, descrevendo as etapas que você precisa tomar para atingir seus objetivos. Este plano serve como um roteiro, orientando seus esforços e fornecendo uma base para rastrear o progresso.

5. Utilize métricas de desempenho:

Identifique os principais indicadores de desempenho (KPIs) ou métricas relevantes para seus objetivos. Isso pode incluir dados quantitativos, como números de vendas, taxas de conclusão do projeto ou realizações pessoais.

6. Estabeleça medições de linha de base:

Determine as medidas da linha de base para entender seu ponto de partida. Isso fornece uma referência para comparar o progresso e avaliar o impacto de seus esforços ao longo do tempo.

7. Revise e reflita regularmente:

Programe análises regulares para refletir sobre seu progresso. Avalie o que foi realizado, quais desafios você encontrou e como você pode ajustar sua abordagem para obter melhores resultados.

8. Mantenha um diário de progresso:

Mantenha um diário de progresso ou log. Documentar suas realizações, desafios e lições aprendidas fornece um registro tangível de sua jornada e oferece informações valiosas.

9. Use técnicas de visualização:

Visualize seu progresso usando gráficos, gráficos ou outras representações visuais. Essa pode ser uma ferramenta motivacional poderosa e ajuda a ver tendências ou padrões em seu desenvolvimento.

10. Rastreie hábitos diários ou semanais:

Se seus objetivos envolverem o desenvolvimento de hábitos positivos, acompanhe seu desempenho diário ou semanal. Use aplicativos, periódicos ou calendários de rastreamento de hábitos para monitorar a consistência.

11. Procure feedback:

Solicitar feedback de mentores, colegas ou colegas. Perspectivas externas podem fornecer informações valiosas e maneiras adicionais de medir seu progresso.

12. Comemore pequenas vitórias:

Reconheça e celebra pequenas vitórias ao longo do caminho. Reconhecer conquistas, por menor que seja, reforça o comportamento positivo e aumenta a motivação.

13. Use tecnologia e aplicativos:

Aproveite a tecnologia e os aplicativos para rastrear o progresso. Existem várias ferramentas disponíveis para estabelecimento de metas, rastreamento de hábitos e medição de desempenho.

14. Atualize regularmente os planos de ação:

Revise e atualize seus planos de ação conforme necessário. À medida que as circunstâncias mudam, pode ser necessário ajustar suas estratégias para permanecer no curso.

15. Mantenha -se adaptável:

Seja adaptável em sua abordagem. Se certos métodos não estiverem produzindo os resultados esperados, esteja disposto a fazer alterações e experimentar novas estratégias.

16. Celebre os marcos:

Configure os marcos dentro da sua linha do tempo e celebram -os. Essas podem ser realizações significativas que marcam o progresso e o mantêm motivado.

17. Use uma abordagem Balanced Scorecard:

Para um rastreamento mais abrangente, considere usar uma abordagem de scorecard equilibrada, incorporando perspectivas financeiras, de clientes, processos internos e aprendizado/crescimento.

18. Referência contra os objetivos:

Compare regularmente seu progresso real com os objetivos que você define. Esse benchmarking ajuda a avaliar se você está no caminho certo ou precisa fazer ajustes.

19. Fique responsável:

Estabelecer mecanismos de responsabilidade. Compartilhe seus objetivos e progrida com outras pessoas que podem fornecer apoio, incentivo e feedback construtivo.

20. Revisões e avaliações periódicas:

Realize revisões e avaliações periódicas de seu progresso geral. Isso pode envolver reflexões trimestrais ou anuais para avaliar suas realizações e estabelecer novas metas.

Rastrear e medir o progresso não apenas o mantém focado, mas também fornece informações valiosas para melhoria contínua. Ele permite que você comemora sucessos, aprenda com os desafios e tome decisões informadas para otimizar seu caminho para o sucesso.

Viii. Quebrando hábitos negativos

Quebrar hábitos negativos pode ser desafiador, mas com dedicação, conscientização e abordagens estratégicas, é possível substituí -las por comportamentos positivos. Aqui estão algumas etapas para ajudá -lo a quebrar hábitos negativos:

1. Identifique o hábito negativo:

Identifique claramente o hábito negativo específico que você deseja quebrar. A consciência é o primeiro passo para fazer mudanças significativas.

2. Entenda gatilhos e dicas:

Analise os gatilhos ou pistas que provocam o hábito negativo. Identifique as situações, emoções ou ambientes que levam ao comportamento que você deseja mudar.

3. Avalie o sistema de recompensa:

Examine o sistema de recompensa associado ao hábito negativo. Entenda o que a satisfação ou o benefício oferece, pois esse insight será crucial para encontrar alternativas mais saudáveis.

4. Defina metas claras e específicas:

Estabeleça objetivos claros e específicos para quebrar o hábito negativo. Defina como é o sucesso e estabeleça marcos alcançáveis ao longo do caminho.

5. Substitua por alternativas positivas:

Identifique comportamentos positivos que podem substituir hábitos negativos. Concentre -se em ações que atendem à mesma necessidade ou fornecem uma recompensa semelhante de maneira mais saudável.

6. Comece pequeno:

Comece com pequenas mudanças gerenciáveis. O progresso gradual geralmente é mais sustentável e ajuda a evitar se sentir sobrecarregado.

7. Use o ciclo de recompensa-rotina-rotina:

Aplique o modelo de loop de hábitos, que consiste em uma sugestão, rotina e recompensa. Identifique a sugestão desencadeando o hábito negativo, substitua a rotina por um comportamento positivo e mantenha o mesmo ou uma recompensa semelhante.

8. Crie um sistema de suporte:

Compartilhe seu objetivo com um amigo, membro da família ou mentor. Ter um sistema de suporte pode fornecer incentivo, responsabilidade e feedback construtivo.

9. Utilize técnicas de visualização:

Visualize -se quebrando o hábito negativo e se envolvendo em comportamentos positivos. A visualização pode melhorar a motivação e reforçar a crença de que a mudança é possível.

10. Estabeleça uma rotina:

Crie uma nova rotina que suporta comportamentos positivos. A consistência é fundamental, então faça da nova rotina uma parte regular da sua vida diária.

11. Remova gatilhos e tentações:

Minimize a exposição a gatilhos e tentações que levam a hábitos negativos. Modifique seu ambiente para torná -lo propício ao comportamento positivo.

12. Pratique Mindfulness:

Cultive a atenção plena para aumentar a conscientização sobre seus pensamentos e ações. A atenção plena pode ajudá -lo a interromper as respostas automáticas e fazer escolhas mais intencionais.

13. Acompanhe seu progresso:

Mantenha um registro de seus esforços e progresso. O rastreamento de sua jornada fornece uma maneira tangível de medir o sucesso e identificar áreas para melhorar.

14. Comemore pequenas vitórias:

Reconhecer e celebrar cada pequena vitória. Comemorar o progresso reforça o comportamento positivo e o motiva a continuar.

15. Procure ajuda profissional, se necessário:

Se quebrar um hábito negativo for desafiador, considere procurar ajuda profissional. Um terapeuta ou conselheiro pode fornecer orientação e suporte.

16. Aprenda com os contratempos:

Entenda que os contratempos são uma parte natural do processo. Em vez de vê -los como falhas, considere -os oportunidades para aprender e refinar sua abordagem.

17. Desenvolva estratégias de enfrentamento:

Identifique estratégias saudáveis de enfrentamento para lidar com o estresse, tédio ou outras emoções que podem desencadear hábitos negativos. Ter métodos alternativos para gerenciar emoções é crucial.

18. Seja paciente e persistente:

Os hábitos de quebra levam tempo e persistência. Seja paciente consigo mesmo, mantenha -se comprometido com o processo e reconheça que a mudança é uma jornada gradual.

19. Reavaliar e ajustar as metas:

Reavaliar periodicamente seus objetivos e ajustá -los, se necessário. Ao progredir, você pode descobrir novas idéias que levam modificações em sua abordagem.

20. Construa uma mentalidade positiva:

Cultive uma mentalidade positiva, concentrando -se nos benefícios de quebrar hábitos negativos. Abrace uma crença em sua capacidade de mudar e crescer.

A quebra de hábitos negativos requer autoconsciência, comprometimento e vontade de substituir comportamentos antigos por alternativas mais saudáveis. Ao adotar uma abordagem proativa e estratégica, você pode superar com sucesso hábitos negativos e promover mudanças positivas em sua vida.

A. Reconhecendo hábitos prejudiciais

Reconhecer hábitos nocivos é um passo crucial para fazer mudanças positivas em sua vida. A identificação desses hábitos permite abordá -los e trabalhar em direção a alternativas mais saudáveis. Aqui estão algumas estratégias para ajudá -lo a reconhecer hábitos prejudiciais:

1. Auto-reflexão:

Reserve um tempo para a auto-reflexão. Considere suas rotinas, comportamentos e respostas diários a várias situações. Identifique padrões que podem estar contribuindo para resultados negativos.

2. Esteja aberto ao feedback:

Procure feedback de amigos de confiança, membros da família ou colegas. Outros podem fornecer perspectivas valiosas sobre hábitos que podem ser prejudiciais, mas podem não ser imediatamente aparentes para você.

3. Jornal:

Mantenha um diário para registrar seus pensamentos, sentimentos e ações. A revisão regular do seu diário pode ajudá -lo a identificar temas e comportamentos recorrentes que podem ser prejudiciais.

4. Observe padrões emocionais:

Preste atenção às suas respostas emocionais em diferentes situações. Os hábitos prejudiciais geralmente estão ligados a gatilhos emocionais. Identifique casos em que você reage negativamente ou se envolve em comportamentos que podem ser prejudiciais ao seu bem-estar.

5. Eduque -se:

Aprenda sobre hábitos prejudiciais comuns e suas consequências. Compreender os possíveis impactos negativos de certos comportamentos pode torná -lo mais consciente da presença deles em sua vida.

6. Avalie a saúde física:

Avalie sua saúde física e estilo de vida. Os hábitos prejudiciais podem se manifestar de várias maneiras, como má nutrição, falta de exercício ou sono inadequado. Reconheça padrões que podem ser prejudiciais à sua saúde.

7. Considere o impacto nos relacionamentos:

Avalie como seus hábitos afetam seus relacionamentos. Os hábitos prejudiciais podem forçar conexões pessoais e profissionais. Reflita sobre se certos comportamentos estão causando tensão ou afetando negativamente os que estão ao seu redor.

8. Identifique padrões de procrastinação:

Reconhecer padrões de procrastinação ou evitar. Esses hábitos podem dificultar o crescimento pessoal e profissional. A identificação de áreas em que você tende a procrastinar pode ajudá -lo a resolver os problemas subjacentes.

9. Monitore o uso de substâncias:

Esteja atento ao seu relacionamento com substâncias como álcool, nicotina ou outras drogas. O consumo excessivo ou doentio pode ser um hábito prejudicial que afeta negativamente a saúde física e mental.

10. Avalie o gerenciamento de tempo:

Avalie como você gerencia seu tempo. Os hábitos prejudiciais podem se manifestar como atraso crônico, baixa alocação de tempo ou falta de priorização. Reconhecer padrões que contribuem para a ineficiência e o estresse.

11. Considere hábitos digitais:

Examine seus hábitos digitais, incluindo tempo de tela, uso da mídia social e comportamentos on -line. Hábitos digitais prejudiciais podem afetar o bem-estar mental e a produtividade.

12. Avalie comportamentos financeiros:

Avalie seus hábitos financeiros. Despesas excessivas, compra por impulso ou má administração financeira crônica podem ser prejudiciais a longo prazo. Reconhecer padrões que podem estar contribuindo para o estresse financeiro.

13. Examine o perfeccionismo:

Refletir sobre tendências perfeccionistas. A luta pela excelência é positiva, mas o perfeccionismo que leva ao estresse crônico, medo do fracasso ou procrastinação pode ser prejudicial.

14. Observe a conversa interna negativa:

Preste atenção em sua conversa interna. A conversa interna negativa pode ser um hábito prejudicial que afeta a auto-estima e o bem-estar mental. Identifique e desafie os padrões negativos de pensamento.

15. Avalie a comparação social:

Examine tendências para se comparar com os outros. Constantemente se comparar com os outros pode levar a sentimentos de inadequação e baixa auto-estima.

16. Avalie os padrões de sono:

Avalie seus padrões de sono. O sono inadequado ou irregular pode contribuir para vários problemas de saúde. Reconheça hábitos que podem estar afetando negativamente sua qualidade do sono.

17. Reconheça o comprometimento sobrecarregado:

Observe se você tem o hábito de se comprometer demais. Assumir constantemente mais do que você pode lidar pode levar ao esgotamento e ao estresse.

18. Considere o WorkaHolism:

Examine seu relacionamento com o trabalho. As tendências viciáveis podem afetar negativamente seu equilíbrio entre vida profissional e pessoal, levando ao estresse e aos possíveis problemas de saúde.

19. Reflita sobre o isolamento social:

Refletir sobre hábitos relacionados ao isolamento social. Isolar-se das conexões sociais pode ter efeitos negativos no bem-estar mental e emocional.

20. Observe comportamentos de escapismo:

Reconhecer hábitos de escapismo. Usar distrações ou substâncias para escapar de problemas ou emoções pode ser um mecanismo de enfrentamento prejudicial.

O reconhecimento de hábitos prejudiciais requer autoconsciência, honestidade e vontade de enfrentar áreas da sua vida que podem precisar de melhorias. Ao identificar esses hábitos, você pode tomar medidas proativas para fazer mudanças positivas e promover um estilo de vida mais saudável.

B. Estratégias para superar a resistência à mudança

Superar a resistência à mudança é um desafio comum no desenvolvimento pessoal e organizacional. As pessoas geralmente se sentem confortáveis com o familiar, e a mudança pode evocar incerteza e medo. Aqui estão algumas estratégias para ajudar a superar a resistência à mudança:

1. Comunique -se aberta e transparentemente:

Forneça comunicação clara, aberta e transparente sobre os motivos da mudança. Abordar preocupações, compartilhar os benefícios e descrever o impacto esperado. Quando as pessoas entendem a lógica por trás da mudança, é mais provável que sejam favoráveis.

2. Envolva as partes interessadas no processo de mudança:

Inclua as principais partes interessadas no processo de tomada de decisão. Quando os indivíduos têm voz na mudança, é mais provável que sintam um senso de propriedade e sejam investidos em seu sucesso.

3. Crie uma visão atraente:

Pinte uma imagem convincente do estado futuro que a mudança visa alcançar. Ajude os indivíduos a ver os resultados e benefícios positivos, promovendo um senso de propósito e motivação.

4. Aborde preocupações e medos:

Reconheça e aborda as preocupações e medos abertamente. Crie um espaço seguro para os indivíduos expressarem suas apreensões e oferecer segurança ou soluções para mitigar suas preocupações.

5. Forneça treinamento e recursos adequados:

Garanta que os indivíduos tenham o treinamento e os recursos necessários para se adaptar à mudança com sucesso. A confiança em sua capacidade de navegar na nova situação reduz a resistência.

6. Comemore pequenas vitórias:

Reconhecer e celebrar pequenas vitórias ao longo do caminho. O reconhecimento do progresso reforça o comportamento positivo e cria impulso para aceitar mudanças maiores.

7. Facilitar o diálogo aberto:

Incentive o diálogo e o feedback aberto. Crie fóruns para os indivíduos expressarem seus pensamentos, preocupações e idéias. Ouvir ativamente suas perspectivas promove uma sensação de inclusão.

8. Demonstre apoio da liderança:

O apoio à liderança é crucial. Quando os líderes visivelmente campeões mudam, ele envia uma mensagem poderosa de que a organização está comprometida com a nova direção.

9. Ofereça incentivos e recompensas:

Forneça incentivos ou recompensas para aqueles que adotam mudanças. O reforço positivo pode motivar os indivíduos a superar a resistência e participar ativamente do processo de mudança.

10. Construa uma coalizão de apoio:

Identifique e envolva indivíduos influentes que possam atuar como campeões de mudança. Uma coalizão de apoiadores pode influenciar os outros e demonstrar que a mudança tem um apoio generalizado.

11. Enfatize o aprendizado contínuo:

Enquadre a mudança como uma oportunidade de aprendizado e crescimento contínuos. Destaque a aquisição de novas habilidades e experiências que podem beneficiar os indivíduos em seu desenvolvimento pessoal e profissional.

12. Use programas piloto ou implementação em fases:

Implementar mudanças gradualmente ou através de programas piloto. Essa abordagem permite que os indivíduos ajustem de forma incremental, reduzindo o choque de uma transformação súbita e completa.

13. Forneça apoio emocional:

Reconhecer o aspecto emocional da mudança. Ofereça apoio por meio de treinamento, aconselhamento ou outros recursos para ajudar as pessoas a lidar com os desafios psicológicos que acompanham a mudança.

14. Incentive a colaboração:

Promova uma cultura colaborativa em que os indivíduos trabalham juntos para se adaptar à mudança. Incentive o trabalho em equipe, as metas compartilhadas e o apoio mútuo para criar um ambiente de mudança positiva.

15. Mostrar histórias de sucesso:

Compartilhe histórias de sucesso de indivíduos ou equipes que adotaram com sucesso a mudança. Exemplos da vida real podem inspirar outras pessoas e demonstrar que resultados positivos são alcançáveis.

16. antecipar e abordar resistência cedo:

Identifique proativamente possíveis fontes de resistência e as abordam no início do processo de mudança. Compreender as causas da raiz permite intervenções direcionadas.

17. Use agentes de mudança:

Identifique e capacite agentes de mudança na organização. Esses indivíduos podem atuar como influenciadores e defensores da mudança, ajudando a influenciar opiniões e atitudes.

18. Adote uma mentalidade de crescimento:

Incentive uma mentalidade de crescimento onde os desafios são vistos como oportunidades de aprendizado e melhoria. Cultive uma cultura organizacional que abraça a adaptabilidade e a resiliência.

19. Forneça atualizações regulares:

Mantenha os indivíduos informados sobre o progresso da mudança. As atualizações regulares criam um senso de transparência e ajudam os indivíduos a permanecer envolvidos no processo de mudança.

20. Seja paciente e persistente:

A mudança leva tempo. Seja paciente e persistente em reforçar os benefícios e apoiar indivíduos através da transição. O esforço contínuo e uma abordagem positiva contribuem para o sucesso a longo prazo.

A superação da resistência à mudança requer uma abordagem atenciosa e abrangente que aborda os aspectos práticos e emocionais da transição. Ao combinar estratégias de comunicação, apoio e engajamento, organizações e indivíduos podem navegar pela mudança de maneira mais eficaz.

C. Substituindo hábitos negativos por alternativas positivas

Substituir hábitos negativos por alternativas positivas é uma estratégia poderosa para o crescimento e o bem-estar pessoal. Aqui estão algumas etapas para ajudá -lo a substituir hábitos negativos por comportamentos positivos:

1. Identifique o hábito negativo:

Identifique claramente o hábito negativo que você deseja mudar. Seja específico sobre o comportamento que você deseja substituir por uma alternativa positiva.

2. Entenda os gatilhos:

Identifique os gatilhos ou pistas que levam ao hábito negativo. Compreender o que leva o comportamento é crucial para implementar alternativas positivas.

3. Defina alternativas positivas:

Defina claramente comportamentos positivos que podem servir como alternativas aos hábitos negativos. Escolha ações alinhadas com seus objetivos e contribua para o seu bem-estar.

4. Defina metas claras:

Estabeleça objetivos claros e específicos para adotar a alternativa positiva. Defina como é o sucesso e estabeleça marcos alcançáveis.

5. Comece pequeno:

Comece com pequenas mudanças gerenciáveis. O início pequeno torna o processo mais alcançável e ajuda a criar confiança em sua capacidade de fazer ajustes positivos.

6. Use o ciclo de recompensa-rotina-rotina:

Aplique o modelo de loop de hábitos. Identifique a sugestão desencadeando o hábito negativo, substitua a rotina por um comportamento positivo e mantenha o mesmo ou uma recompensa semelhante.

7. Crie um loop de hábito positivo:

Estabeleça um loop de hábito positivo, associando o comportamento positivo a uma sugestão e uma recompensa. Isso ajuda a reforçar o novo hábito ao longo do tempo.

8. Construa consistência:

A consistência é a chave para a formação de hábitos. Defina um cronograma consistente para praticar a alternativa positiva para reforçar o comportamento.

9. Visualize o sucesso:

Visualize -se adotando com sucesso a alternativa positiva. Crie imagens mentais dos benefícios e resultados positivos para aumentar a motivação.

10. Procure apoio social:

Compartilhe seus objetivos com amigos, familiares ou rede de apoio. Ter uma comunidade de apoio pode fornecer incentivo e responsabilidade.

11. Monitore seu progresso:

Acompanhe seu progresso. Use um diário, aplicativo ou outras ferramentas de rastreamento para monitorar sua consistência e celebrar pequenas vitórias.

12. Implementar empilhamento de hábitos:

Combina o comportamento positivo com um hábito existente (empilhamento de hábitos). Isso facilita a integração do novo comportamento em sua rotina.

13. Utilize técnicas de atenção plena:

Pratique a atenção plena para aumentar a conscientização sobre seus pensamentos e ações. A atenção plena pode ajudá -lo a interromper as respostas automáticas e fazer escolhas intencionais.

14. Recompense -se:

Recompense -se quando adotar com sucesso o comportamento positivo. O reforço positivo ajuda a fortalecer a conexão entre o comportamento e a recompensa.

15. Estabeleça responsabilidade:

Compartilhe seu progresso com um parceiro de responsabilidade que pode fornecer suporte e feedback. Saber que alguém está ciente de seus objetivos pode melhorar o compromisso.

16. Endereço contratempos positivamente:

Entenda que os contratempos são uma parte normal da mudança de comportamento. Em vez de vê -los como falhas, use os contratempos como oportunidades para aprender e ajustar sua abordagem.

17. Cultive a paciência:

A mudança de hábitos leva tempo. Seja paciente consigo mesmo e reconheça que o progresso pode ser gradual. Concentre -se nas mudanças positivas que você está fazendo.

18. Remova as tentações:

Minimize a exposição a ambientes ou situações que acionam o hábito negativo. Criar um ambiente de apoio reduz a probabilidade de recaída.

19. Eduque -se:

Saiba mais sobre os benefícios do comportamento positivo.
Compreender o impacto positivo pode motivá -lo a adotar e manter
o novo hábito.

20. Reflita e ajuste:

Reflita regularmente sobre sua jornada e ajuste sua abordagem
conforme necessário. Esteja aberto a refinar sua estratégia com
base no que funciona melhor para você.

Exemplo: substituindo o fumo por exercício
Hábito negativo: fumar
Alternativa positiva: exercício
Sugestão: sentindo -se estressado ou fazendo uma pausa
Rotina: em vez de fumar, envolva -se em uma rotina curta de
exercícios ou faça uma caminhada rápida.
Recompensa: Experimente os benefícios do exercício para aliviar o
estresse e aumentar o humor.

Seguindo essas etapas e personalizando -as para sua situação
específica, você pode efetivamente substituir hábitos negativos
por alternativas positivas e criar mudanças positivas duradouras
em sua vida.

Ix. Aproveitando a responsabilidade e o suporte

A alavancagem de responsabilidade e apoio é uma estratégia poderosa para alcançar objetivos pessoais e profissionais e sustentar hábitos positivos. Aqui estão algumas maneiras de usar efetivamente a responsabilidade e o suporte:

1. Defina metas claras:

Defina claramente seus objetivos. Se eles estão relacionados ao desenvolvimento pessoal, à saúde ou ao sucesso profissional, ter objetivos bem definidos fornece uma direção clara para a responsabilidade.

2. Compartilhe seus objetivos:

Comunique seus objetivos a amigos, familiares ou colegas confiáveis. Compartilhar suas aspirações cria um senso de responsabilidade, pois os outros estão cientes de suas intenções.

3. Encontre um parceiro de responsabilidade:

Identifique um parceiro de responsabilidade que possa apoiá -lo para alcançar seus objetivos. Essa pessoa pode ser um amigo, membro da família, mentor ou colega com quem você faz o check -in regularmente.

4. Estabeleça check-ins regulares:

Agende check-ins regulares com seu parceiro de responsabilidade. Essas reuniões oferecem oportunidades para discutir progressos, desafios e ajustes em seu plano de ação.

5. Use a tecnologia:

Aproveite a tecnologia para prestação de contas. Existem aplicativos e plataformas on -line projetadas para ajudá -lo a rastrear seus objetivos e compartilhar progresso com uma comunidade ou grupo de responsabilidade.

6. Junte -se às comunidades de apoio:

Conecte-se a indivíduos com idéias semelhantes, juntando-se a grupos ou comunidades que compartilham seus objetivos. Seja online ou pessoalmente, essas comunidades oferecem incentivo, conselhos e experiências compartilhadas.

7. Participe de desafios do grupo:

Envolva -se em desafios ou iniciativas de grupo que se alinham aos seus objetivos. Os esforços coletivos criam um senso de camaradagem e a responsabilidade compartilhada.

8. Crie um grupo de mentalidade:

Formar um grupo mentor com indivíduos que têm aspirações semelhantes. Cumprir regularmente para discutir metas, compartilhar idéias e fornecer suporte mútuo e responsabilidade.

9. Compartilhe o progresso publicamente:

Considere compartilhar seu progresso publicamente, como nas mídias sociais ou em um blog. A responsabilidade pública pode motivá -lo a permanecer comprometida e inspirar outras pessoas no processo.

10. Sistemas de recompensa:

Implementar um sistema de recompensa ligado aos seus objetivos. Compartilhe suas recompensas com seu parceiro ou grupo de responsabilidade, criando uma camada adicional de motivação e responsabilidade.

11. Responsabilidade mútua:

Promova uma dinâmica de responsabilidade mútua com seu parceiro ou grupo. Cada pessoa responsabiliza os outros, criando uma rede de apoio.

12. Reflita regularmente sobre os objetivos:

Agende o horário para a reflexão regular de metas. Avalie seu progresso, celebrar as realizações e identificar áreas para melhorar ou ajustar.

13. Utilize treinamento ou orientação:

Considere trabalhar com um treinador ou mentor que possa fornecer orientação, apoio e uma perspectiva externa sobre seus objetivos e progresso.

14. Apresente -se responsável:

Desenvolver um forte senso de responsabilidade pessoal. Entenda que, em última análise, você é responsável por seus objetivos e ações.

15. Celebre pequenas vitórias juntas:

Comemore pequenas vitórias com seu parceiro ou grupo de prestação de contas. Reconhecer conquistas promove uma atmosfera positiva e reforça o comprometimento.

16. Discuta os desafios abertamente:

Seja aberto sobre desafios e contratempos. Discutir obstáculos com sua rede de responsabilidade permite feedback e suporte construtivos.

17. Estabeleça consequências:

Considere estabelecer consequências para não atingir seus objetivos. Embora as recompensas possam ser motivadoras, as consequências fornecem uma camada adicional de responsabilidade.

18. Ajuste as metas conforme necessário:

Esteja disposto a ajustar seus objetivos com base em feedback e circunstâncias em mudança. A flexibilidade é importante para manter a motivação e o progresso.

19. Crie contratos de prestação de contas:

Recluir contratos de prestação de contas descrevendo seus objetivos, compromissos e consequências. Assine estes contratos com seu parceiro de responsabilidade para formalizar seu compromisso.

20. Expresse gratidão:

Expresse gratidão ao seu parceiro ou grupo de prestação de contas. Reconheça o apoio deles e celebra o impacto positivo que eles têm em sua jornada.

A responsabilidade e o suporte são ferramentas potentes para alcançar o sucesso e sustentar hábitos positivos. Ao se envolver ativamente com os outros, compartilhar seus objetivos e alavancar várias formas de suporte, você cria uma rede que aprimora a motivação, fornece orientação e contribui para o seu bem-estar geral.

A. O papel dos parceiros de prestação de contas

Os parceiros de responsabilidade desempenham um papel crucial no desenvolvimento pessoal e profissional, fornecendo apoio, motivação e orientação à medida que os indivíduos trabalham em direção a seus objetivos. Aqui estão alguns aspectos -chave do papel dos parceiros de responsabilidade:

1. Suporte e incentivo:

Apoio emocional: os parceiros de prestação de contas oferecem apoio emocional, fornecendo incentivo, compreensão e empatia. Eles se tornam uma fonte de motivação durante triunfos e desafios.

2. Perspectiva objetiva:

Feedback externo: os parceiros de prestação de contas fornecem uma perspectiva externa sobre seus objetivos, ações e progresso. A objetividade deles ajuda a obter insights e a identificar áreas para melhorar.

3. Check-ins regulares:

Monitoramento consistente: os parceiros de prestação de contas se envolvem em check-ins regulares para avaliar seu progresso. Esses check-ins servem como oportunidades para discutir sucessos, contratempos e ajustes em seu plano de ação.

4. Estabelecimento de metas e clareza:

Assistência no estabelecimento de metas: os parceiros de responsabilidade ajudam a definir metas claras e alcançáveis. Eles podem ajudá -lo a refinar seus objetivos, garantindo que sejam específicos, mensuráveis e alinhados com sua visão geral.

5. Solução de problemas:

Solução de problemas colaborativos: Quando surgem desafios, os parceiros de prestação de contas colaboram com você para encontrar soluções. Eles podem oferecer estratégias alternativas, compartilhar experiências ou fornecer recursos para ajudar a superar obstáculos.

6. Motivação e inspiração:

Fonte de motivação: os parceiros de prestação de contas servem como uma força motivacional. Saber que alguém está investido em seu sucesso pode aumentar sua determinação e compromisso com seus objetivos.

7. Feedback e reflexão:

Feedback construtivo: os parceiros de prestação de contas oferecem feedback construtivo sobre suas ações e decisões. Esse feedback promove um processo reflexivo, ajudando você a avaliar o que está funcionando bem e o que pode ser melhorado.

8. Responsabilidade compartilhada:

Responsabilidade mútua: os parceiros de prestação de contas compartilham a responsabilidade pelo sucesso um do outro. Essa responsabilidade mútua cria uma dinâmica de apoio, onde ambos os indivíduos estão comprometidos em alcançar seus respectivos objetivos.

9. Comemore as realizações:

Celebração de vitórias: os parceiros de prestação de contas celebram suas realizações, por menor que seja. O reconhecimento de sucessos reforça o comportamento positivo e incentiva o esforço contínuo.

10. responsabilizando -se:

Compromisso com a responsabilidade: ambas as partes se comprometem a responsabilizar -se. Esse compromisso estabelece uma estrutura para comunicação regular e acompanhamento de ações acordadas.

11. Consistência da construção:

Encorajando a consistência: os parceiros de prestação de contas o ajudam a criar e manter a consistência em seus esforços. Check-in e discussões regulares contribuem para uma abordagem consistente da busca de objetivos.

12. reforço positivo:

Reforço do comportamento positivo: os parceiros de prestação de contas fornecem reforço positivo para aderir ao seu plano de ação e progredir. Esse reforço fortalece a conexão entre ações positivas e suas recompensas associadas.

13. Aprendizagem compartilhada:

Aprendendo juntos: os parceiros de prestação de contas compartilham suas experiências, insights e conhecimento. Esse processo de aprendizado colaborativo enriquece a compreensão de ambos os indivíduos sobre estratégias e melhores práticas.

14. Ajustando metas:

Flexibilidade no ajuste de metas: se as circunstâncias mudarem ou surgirem novas idéias, os parceiros de prestação de contas auxiliam no ajuste das metas. A flexibilidade garante que seus objetivos permaneçam relevantes e alcançáveis.

15. Confidencialidade e confiança:

Mantendo a confiança: os parceiros de prestação de contas defendem a confidencialidade e criam um ambiente de confiança. Essa confiança é essencial para a comunicação aberta e o compartilhamento de objetivos e desafios pessoais.

16. Desafios motivacionais:

Zonas de conforto desafiador: os parceiros de prestação de contas podem desafiá -lo a sair da sua zona de conforto, incentivando o crescimento e pressionando você a explorar novas possibilidades.

17. Alinhamento de valores:

Valores compartilhados: é benéfico se os parceiros de prestação de contas compartilharem valores e aspirações comuns. Esse alinhamento promove uma compreensão mais profunda dos objetivos e motivações um do outro.

18. Fornecendo recursos:

Compartilhamento de recursos: os parceiros de responsabilidade podem compartilhar recursos relevantes, como artigos, livros ou ferramentas, para apoiar seu desenvolvimento e aprimorar sua compreensão do assunto.

19. Promovendo o compromisso:

Promover o comprometimento pessoal: os parceiros de prestação de contas promovem um senso de compromisso pessoal com seus objetivos. Esse compromisso é fortalecido através de comunicação regular, feedback e experiências compartilhadas.

20. Relacionamento de longo prazo:

Construindo conexões de longo prazo: as parcerias de prestação de contas podem se estender além da consecução de metas específicas. As conexões de longo prazo permitem apoio e colaboração em andamento em vários aspectos do crescimento pessoal e profissional.

Em resumo, os parceiros de prestação de contas servem como aliados integrais na busca de objetivos e hábitos positivos. Através de seu apoio, feedback e comprometimento compartilhado, eles contribuem significativamente para o sucesso e o desenvolvimento individuais. O relacionamento é recíproco, com ambas as partes se beneficiando da jornada colaborativa para alcançar suas aspirações.

B. Criando um sistema de suporte

Criar um sistema de suporte é essencial para o crescimento pessoal, atingir metas e navegar nos desafios da vida. Aqui estão algumas etapas para criar um sistema de suporte eficaz:

1. Identifique suas necessidades:

Reflita sobre seus objetivos pessoais e profissionais, bem como nas áreas em que você pode precisar de assistência ou incentivo. Compreender suas necessidades o guiará na construção de uma rede de suporte adaptada aos seus requisitos.

2. Entre em contato com amigos e familiares:

Comece entrando em contato com amigos e familiares que são favoráveis e compreensivos. Esses indivíduos podem oferecer apoio emocional, dar um ouvido de escuta e incentivar em tempos difíceis.

3. Junte -se aos grupos de apoio:

Procure grupos de apoio ou comunidades relacionadas aos seus interesses, hobbies ou desafios que você está enfrentando. Seja online ou pessoalmente, os grupos de apoio oferecem camaradagem, experiências compartilhadas e informações valiosas de outras pessoas que podem se relacionar com sua situação.

4. Procure ajuda profissional:

Considere buscar apoio profissional de terapeutas, conselheiros ou treinadores de vida. Esses profissionais oferecem orientação, perspectiva e estratégias para gerenciar o estresse, superar obstáculos e alcançar o crescimento pessoal.

5. Encontre mentores ou modelos:

Identifique mentores ou modelos que obtiveram sucesso em áreas em que você aspira se destacar. Os mentores podem oferecer conselhos, compartilhar suas experiências e fornecer orientações valiosas para ajudá -lo a navegar em sua jornada.

6. Construa relacionamentos positivos:

Cultive relacionamentos positivos com indivíduos que elevam e inspiram você. Cerque -se de pessoas que compartilham seus valores, aspirações e comprometimento com o crescimento pessoal.

7. Seja aberto e vulnerável:

Pratique a abertura e vulnerabilidade com seu sistema de suporte. Compartilhe seus desafios, medos e aspirações abertamente, permitindo que outras pessoas ofereçam empatia, compreensão e apoio.

8. Comunique suas necessidades:

Comunique -se claramente suas necessidades e limites ao seu sistema de suporte. Deixe -os saber como eles podem apoiá -lo melhor e que tipo de assistência ou incentivo você está procurando.

9. Ofereça suporte em troca:

Esteja disposto a oferecer apoio e incentivo aos outros em sua rede. Os sistemas de apoio prosperam com a reciprocidade e contribuindo para o bem-estar de outras pessoas fortalece seus relacionamentos e promove um senso de comunidade.

10. Envolva -se na escuta ativa:

Pratique a escuta ativa ao interagir com os membros do seu sistema de suporte. Ouça atentamente suas preocupações, desafios e realizações, oferecendo empatia, validação e feedback construtivo.

11. Crie check-ins regulares:

Estabeleça check-ins regulares com os membros do seu sistema de suporte. Agende o horário de conversas significativas, pessoalmente, por telefone ou por meio de chamadas de vídeo, para permanecer conectado e oferecer suporte mútuo.

12. Celebre os sucessos juntos:

Celebre sucessos e marcos com sua rede de apoio. Reconheça as conquistas, por menor que seja pequena, e expresse gratidão pelo incentivo e assistência que você recebeu ao longo do caminho.

13. Participe de workshops ou seminários:

Participe de oficinas, seminários ou conferências relacionadas aos seus interesses ou objetivos. Esses eventos oferecem oportunidades para conhecer indivíduos com idéias semelhantes, expandir sua rede e obter novas perspectivas.

14. Utilize plataformas online:

Explore plataformas on -line e grupos de mídia social focados no desenvolvimento pessoal, crescimento profissional ou áreas de interesse específicas. Envolva -se com as comunidades on -line para compartilhar experiências, procurar conselhos e se conectar com outras pessoas em jornadas semelhantes.

15. Pratique autocuidado:

Priorize o autocuidado como parte do seu sistema de suporte. Invista tempo e energia em atividades que nutrem seu bem-estar físico, mental e emocional, garantindo que você tenha a resiliência de navegar pelos desafios da vida.

16. Fique aberto a novas conexões:

Permaneça aberto a formar novas conexões e expandir sua rede de suporte. Seja proativo ao procurar indivíduos que o inspirem e se alinhem com seus valores e objetivos.

17. Mantenha os limites:

Estabeleça limites saudáveis em seu sistema de apoio para garantir que os relacionamentos permaneçam mutuamente benéficos e respeitosos. Respeite os limites dos outros também, promovendo uma cultura de confiança e respeito mútuo.

18. Procure diversidade em perspectivas:

Procure diversidade em perspectivas dentro do seu sistema de apoio. Cerque -se de indivíduos de diferentes origens, culturas e experiências, enriquecendo sua compreensão e ampliando sua visão de mundo.

19. Mantenha -se consistente em comunicação:

Mantenha a comunicação consistente com sua rede de suporte, mesmo em períodos de estabilidade. A interação regular fortalece os títulos, promove a confiança e garante que o suporte esteja prontamente disponível quando necessário.

20. Expresse gratidão:

Expresse gratidão aos membros do seu sistema de apoio por suas contribuições ao seu crescimento e bem-estar. Mostre apreço por seu apoio, incentivo e presença em sua vida.

Seguindo essas etapas e nutrir ativamente seu sistema de suporte, você cria uma base de força, resiliência e conexão que o capacita a superar os desafios, alcançar seus objetivos e prosperar em todos os aspectos de sua vida.

C. Celebrando realizações juntas

Celebrar conquistas juntos é um aspecto significativo e essencial da construção de um ambiente positivo e de apoio em sua rede. Sejam realizações pessoais, marcos profissionais ou sucessos compartilhados, comemorar juntos fortalece os relacionamentos, aumenta o moral e promove um senso de comunidade. Aqui estão algumas maneiras de celebrar as realizações juntas:

1. Organize um evento de celebração:

Planeje uma reunião ou evento para comemorar a conquista. Pode ser uma festa, jantar, piquenique ou qualquer atividade que alinhe com os interesses e preferências dos indivíduos envolvidos.

2. Hospedar uma celebração virtual:

Se a proximidade física é desafiadora, hospede uma celebração virtual usando plataformas de videoconferência. Reúna todos on - line para compartilhar a alegria e a emoção da conquista.

3. Crie uma cerimônia de reconhecimento:

Projete uma cerimônia de reconhecimento formal ou informal, onde os indivíduos são reconhecidos por suas contribuições e realizações. Isso pode envolver certificados, prêmios ou tokens personalizados de apreciação.

4. Compartilhe conquistas nas mídias sociais:

Celebre as realizações compartilhando as notícias sobre plataformas de mídia social. Isso não apenas reconhece o indivíduo, mas também permite que outras pessoas em sua rede participem da celebração e ofereçam parabéns.

5. Envie notas ou mensagens personalizadas:

Escreva notas ou mensagens personalizadas expressando seus parabéns. Considere destacar aspectos específicos da conquista que você acha impressionante ou louvável.

6. Crie um vídeo colaborativo:

Colabore com outras pessoas em sua rede para criar um vídeo de felicitações. Cada pessoa pode compartilhar uma breve mensagem, e a compilação pode ser compartilhada com o indivíduo ou a equipe sendo comemorada.

7. Organize uma atividade de construção de equipe:

Incorpore uma atividade de construção de equipes na celebração. Pode ser um passeio divertido, um exercício de construção de equipes ou um projeto colaborativo que reforça o senso de unidade e camaradagem.

8. Dê presentes atenciosos:

Considere dar presentes pensativos para comemorar a conquista. Presentes ou itens personalizados que têm significado para o indivíduo podem servir como lembretes duradouros da conquista.

9. Hospedar uma refeição de potluck ou compartilhamento:

Organize uma refeição de potluck ou compartilhamento, onde todos contribuem com um prato. Quebrar o pão cria um senso de comunidade e oferece uma oportunidade para a celebração casual.

10. Crie um livro de memória ou scrapbook:

Compile um livro de memória ou álbum de recortes que captura a jornada que antecede a conquista. Inclua fotos, mensagens e lembranças que refletem o progresso e o sucesso do indivíduo ou da equipe.

11. Recurso em boletins ou publicações:

Mostre a conquista em boletins, publicações da empresa ou boletins comunitários. Esse reconhecimento público amplifica o impacto da realização e demonstra seu significado.

12. hospedar um torrada ou aplausos:

Levante um brinde ou aplaudir em homenagem à conquista. Esse gesto simples, porém significativo, pode ser feito pessoalmente ou virtualmente, trazendo um senso de festa para a ocasião.

13. Crie uma parede de reconhecimento:

Estabeleça uma parede ou placa de reconhecimento onde as realizações sejam exibidas com destaque. Essa representação visual serve como um lembrete contínuo de sucesso na comunidade.

14. Ofereça oportunidades de desenvolvimento profissional:

Reconheça as conquistas, oferecendo oportunidades de desenvolvimento profissional. Isso pode incluir financiamento para o treinamento, participar de conferências ou participar de workshops alinhados com objetivos individuais.

15. Facilitar uma sessão de perguntas e respostas ou de compartilhamento de conhecimento:

Organize uma sessão de perguntas e respostas ou sessão de compartilhamento de conhecimento, onde o indivíduo ou equipe pode compartilhar insights e lições aprendidas com sua conquista. Isso promove o aprendizado e promove uma cultura de melhoria contínua.

16. Colabore em um projeto:

Colabore em um novo projeto ou iniciativa para capitalizar o momento positivo gerado pela conquista. Canalize o entusiasmo em outro esforço coletivo.

17. Crie um programa de reconhecimento:

Estabeleça um programa de reconhecimento formal em sua comunidade ou organização. Celebrar regularmente as realizações através deste programa, garantindo que as realizações sejam constantemente reconhecidas.

18. Retire um retiro de construção de equipe:

Considere organizar um retiro de equipe para celebrar conquistas significativas. Um retiro oferece uma oportunidade de reflexão, relaxamento e ligação de equipes em um ambiente diferente.

19. Convide palestrantes ou influenciadores convidados:

Aprimore a celebração convidando palestrantes convidados ou influenciadores relacionados ao campo da conquista. Suas idéias e presença podem adicionar um toque especial ao evento.

20. Incentive a reflexão e a gratidão:

Incentive os indivíduos a refletir sobre sua jornada e a expressar gratidão pelo apoio recebido. Compartilhar reflexões e expressar agradecimento promove uma atmosfera positiva e apreciativa.

Celebrar realizações juntos não apenas reconhece os esforços individuais, mas também reforça o senso de sucesso da comunidade e coletivo. Ele cria um ciclo de feedback positivo, motivando as pessoas a continuar lutando pela excelência e contribuindo para o sucesso geral do grupo.

X. Mudança de mentalidade para o sucesso do hábito

Uma mudança de mentalidade é uma mudança fundamental na maneira como você se aproxima e percebe hábitos. A adoção da mentalidade certa é crucial para o sucesso do hábito, pois influencia seus pensamentos, comportamentos e abordagem geral do desenvolvimento pessoal. Aqui estão algumas mudanças importantes de mentalidade que podem contribuir para o sucesso do hábito:

1. Concentre -se no progresso, não na perfeição:

Mude sua mentalidade de buscar a perfeição para avaliar o progresso. Entenda que os hábitos são construídos ao longo do tempo e cada passo à frente, por menor que seja, é uma vitória. Abrace a jornada de melhoria, em vez de se fixar na execução impecável.

2. Abrace uma mentalidade de crescimento:

Cultive uma mentalidade de crescimento, acreditando que suas habilidades e inteligência podem ser desenvolvidas por meio de dedicação e trabalho duro. Abrace os desafios como oportunidades de aprender, ver o esforço como um caminho para o domínio e veja os contratempos como parte natural do processo de aprendizado.

3. Veja os desafios como oportunidades:

Mude sua perspectiva sobre os desafios. Em vez de vê -los como obstáculos, veja -os como oportunidades de crescimento e aprendizado. A superação dos desafios fortalece sua resiliência e contribui para o desenvolvimento de hábitos positivos.

4. Pratique a auto-compaixão:

Seja gentil consigo mesmo e pratique a auto-compaixão. Entenda que todos enfrentam contratempos e lutas. Trate -se com a mesma bondade e incentivo que você ofereceria a um amigo. Celebre seus sucessos e seja paciente consigo mesmo em tempos difíceis.

5. Concentre -se em hábitos, não em resultados:

Mude seu foco de perseguir apenas os resultados para a construção de hábitos sustentáveis. Entenda que hábitos consistentes e positivos são a base para o sucesso a longo prazo. Ao priorizar o processo, você aumenta a probabilidade de alcançar os resultados desejados.

6. Veja os contratempos como oportunidades de aprendizado:

Atenda os contratempos como valiosos oportunidades de aprendizado. Analise o que deu errado, identifique áreas para melhoria e use os contratempos como feedback para ajustar e refinar sua abordagem à formação de hábitos.

7. Construa hábitos baseados em identidade:

Adote uma mentalidade baseada em identidade, onde você alinha seus hábitos com a pessoa que deseja se tornar. Em vez de se concentrar apenas no que você deseja alcançar, considere quem você deseja ser. Os hábitos enraizados na identidade têm maior probabilidade de serem sustentados.

8. Desenvolva uma relação positiva com a mudança:

Abrace a mudança como uma força positiva para o crescimento. Em vez de temer a mudança, veja -a como uma oportunidade de evoluir, adaptar e criar uma versão melhor de si mesmo. Uma mentalidade que recebe a mudança torna a formação de hábitos mais flexível e dinâmica.

9. Cultive uma atitude positiva:

Promova uma atitude positiva em relação aos desafios e oportunidades. Uma mentalidade positiva pode influenciar sua motivação e perseverança. Concentre-se no que você pode controlar, manter otimismo e abordar hábitos com uma atitude de poder.

10. Consistência de valor sobre intensidade:

Priorize a consistência em seus hábitos sobre esforços esporádicos e intensos. Reconheça que pequenas ações regulares se compostas ao longo do tempo e levam a resultados significativos. A consistência cria impulso e reforça o comportamento positivo.

11. Pratique Mindfulness:

Desenvolva uma mentalidade consciente, estar totalmente presente e consciente no momento atual. A atenção plena pode ajudá-lo a observar seus hábitos, entender gatilhos e fazer escolhas intencionais, promovendo uma maior autoconsciência em sua jornada.

12. Veja os obstáculos como temporários:

Veja obstáculos como desafios temporários, em vez de barreiras intransponíveis. Uma mentalidade que vê os obstáculos como obstáculos que passam incentiva a persistência e a resiliência diante das dificuldades.

13. Aprecie o processo:

Aprecie e encontre realização no processo de formação de hábitos. Entenda que a jornada é tão importante quanto o destino. Saborando as pequenas vitórias e aproveitando o processo, você cria uma abordagem positiva e sustentável para a construção de hábitos.

14. Mudança do pensamento tudo ou nada:

Afaste-se do pensamento tudo ou nada, o que pode impedir o progresso. Reconheça que a perfeição não é necessária e desvios ocasionais de seus hábitos não apagam seu sucesso geral. Adote uma mentalidade flexível que permite imperfeições.

15. Crie um ambiente positivo:

Cerque -se de um ambiente positivo que apóie seus hábitos. Seu ambiente pode influenciar significativamente sua mentalidade. Organize seu ambiente físico e social para facilitar o sucesso de seus hábitos desejados.

16. Reconheça e desafie as crenças limitantes:

Identifique e desafie crenças limitantes que podem dificultar o sucesso do seu hábito. Substitua a conversa interna negativa por afirmações e crenças positivas que o capacitam a superar os desafios e alcançar seus objetivos.

17. Avalie a jornada tanto quanto o destino:

Aprecie a jornada da formação de hábitos, em vez de se fixar apenas em alcançar seus objetivos. Cada passo a seguir contribui para o crescimento pessoal, e o processo em si é parte integrante do seu sucesso.

18. Priorize o auto-aperfeiçoamento:

Cultive uma mentalidade de auto-aperfeiçoamento contínuo. Veja os hábitos como um meio de aprimorar seu bem-estar, habilidades e conhecimentos. Um compromisso com o crescimento contínuo promove uma abordagem positiva e de visão de futuro.

19. Comemore pequenas vitórias:

Celebre e reconheça pequenas vitórias ao longo do caminho. Reconhecer o progresso, não importa o quão menor reforça o comportamento positivo e o motiva a continuar desenvolvendo seus sucessos.

20. Esteja aberto à adaptação:

Adote uma mentalidade aberta à adaptação e flexibilidade. A vida é dinâmica e as circunstâncias mudam. Ser adaptável permite que você ajuste seus hábitos com base nas necessidades e desafios em evolução.

Ao adotar essas mudanças de mentalidade, você pode criar uma estrutura mental positiva e empoderadora que apóie sua jornada em direção ao sucesso do hábito. A maneira como você percebe desafios, contratempos e suas próprias capacidades influencia significativamente sua capacidade de construir e manter hábitos positivos.

A. cultivar uma mentalidade de crescimento

Cultivar uma mentalidade de crescimento envolve o desenvolvimento da crença de que suas habilidades e inteligência podem ser desenvolvidas por meio de esforço, aprendizado e perseverança. Essa mentalidade, cunhada pela psicóloga Carol S. Dweck, contrasta com uma mentalidade fixa, que assume que as habilidades são inatas e imutáveis. Aqui estão algumas estratégias para cultivar uma mentalidade de crescimento:

1. Abrace desafios:

Veja os desafios como oportunidades de crescimento e não ameaças. Abrace tarefas que estendem suas habilidades e vejam as dificuldades como uma chance de aprender e melhorar.

2. Aprenda com as críticas:

Veja o feedback e as críticas como uma contribuição valiosa para a melhoria. Em vez de receber críticas pessoalmente, consulte -a como um meio de identificar áreas para o desenvolvimento.

3. O esforço é um caminho para o domínio:

Reconheça que o esforço é um fator -chave para alcançar o domínio. Entenda que esforço, prática e aprendizado sustentados contribuem para o desenvolvimento e o sucesso das habilidades.

4. Comemore o esforço, não apenas os resultados:

Celebre o processo e o esforço que você dedica às tarefas, independentemente do resultado imediato. Reconheça a jornada e o progresso feito ao longo do caminho.

5. Enfatize o aprendizado sobre o desempenho:

Mude seu foco de provar suas habilidades para você e outras pessoas para aprender e adquirir novas habilidades. Priorize o processo de aprendizagem sobre a necessidade de sucesso imediato.

6. Cultive a curiosidade:

Promova uma mentalidade curiosa, buscando entender e explorar novos conceitos. Cultive um amor pelo aprendizado e uma ânsia de descobrir coisas novas.

7. Veja os contratempos como oportunidades de aprendizado:

Atenda os contratempos e as falhas como oportunidades de aprender. Analise o que deu errado, extraia lições e use esse conhecimento para melhorar e se adaptar no futuro.

8. Valorize o processo de aprendizado:

Aprecie o processo de aprendizado e desenvolvimento. Entenda que a jornada em si é enriquecedor e o destino é resultado de aprendizado e melhoria contínuos.

9. Entenda o poder de "ainda":

Adicione a palavra "ainda" ao seu vocabulário quando confrontado com desafios ou habilidades que você não dominou. Por exemplo, "ainda não dominei essa habilidade". Essa adição simples reflete uma crença no crescimento e potencial futuro.

10. Cultive um amor por desafios:

Desenvolva uma mentalidade que considera os desafios como emocionantes e não assustadores. Abrace as oportunidades que o afastam da sua zona de conforto e a uma zona de desconforto produtivo.

11. Construa persistência:

Cultivar persistência e resiliência diante de contratempos. Entenda que os contratempos fazem parte do processo de aprendizagem e que superá -los constrói caráter e força.

12. Cerque-se de indivíduos que pensam em crescimento:

Envolva -se com pessoas que têm uma mentalidade de crescimento. Cerrar-se de indivíduos que valorizam o aprendizado e a melhoria podem reforçar suas próprias crenças orientadas para o crescimento.

13. Defina as metas de aprendizado:

Defina as metas que se concentram na aquisição de novos conhecimentos e habilidades, em vez de simplesmente alcançar resultados específicos. As metas de aprendizado enfatizam o processo de crescimento.

14. Use desafios como laboratórios de aprendizagem:

Aborde os desafios como oportunidades para experimentar, aprender e coletar informações. Trate-os como laboratórios do mundo real para o seu desenvolvimento pessoal e profissional.

15. Desenvolva uma perspectiva de longo prazo:

Cultive uma perspectiva de longo prazo sobre sua jornada de crescimento. Entenda que o desenvolvimento pessoal é um processo contínuo que se desenrola com o tempo.

16. Monitore e ajuste estratégias:

Avalie regularmente suas estratégias e abordagens. Se algo não estiver funcionando, esteja disposto a ajustar e experimentar métodos diferentes para aprimorar seu aprendizado e desempenho.

17. Valorize o sucesso de outros:

Celebre o sucesso de outras pessoas com uma mentalidade de crescimento. Veja suas realizações como uma prova de seus esforços e dedicação e deixe inspirá -lo e motivá -lo.

18. Aprenda com os modelos:

Identifique e aprenda com indivíduos que incorporam uma mentalidade de crescimento. Estude suas abordagens para desafios, contratempos e aprendizado contínuo.

19. Ensine os outros:

Compartilhe seus conhecimentos e habilidades com outras pessoas. O ensino reforça sua própria compreensão e enfatiza a ideia de que as habilidades podem ser desenvolvidas através do compartilhamento e colaboração.

20. Reflita sobre sua jornada de aprendizado:

Refletir regularmente sobre sua jornada de aprendizado. Considere o progresso que você fez, os desafios que você superou e as lições que aprendeu. A reflexão reforça uma mentalidade orientada para o crescimento.

Cultivar uma mentalidade de crescimento é um processo contínuo que envolve esforço intencional, autoconsciência e um compromisso de adotar desafios como oportunidades de aprendizado e desenvolvimento. Ao incorporar essas estratégias em sua mentalidade, você pode promover uma abordagem mais resiliente, adaptável e orientada para o crescimento da vida e ao aprendizado.

B. Mudança de crenças limitantes

A mudança de crenças limitantes envolve desafiar e reformular pensamentos ou crenças negativas que dificultam o crescimento e o sucesso pessoal. Aqui estão algumas etapas que você pode seguir para mudar sua mentalidade e superar crenças limitantes:

1. Identifique crenças limitantes:

Comece reconhecendo e identificando as crenças limitantes que podem estar impedindo você. Essas crenças geralmente se manifestam como pensamentos autocríticos ou negativos sobre suas habilidades, valor ou potencial.

2. Questione a validade:

Desafie a validade de suas crenças limitantes. Pergunte a si mesmo se essas crenças são baseadas em fatos ou se são suposições ou interpretações. Muitas vezes, as crenças limitantes não estão fundamentadas na realidade.

3. Examine as evidências:

Procure evidências que apóie ou contradizem suas crenças limitantes. Avalie experiências, realizações e feedback passados para obter uma perspectiva mais equilibrada sobre suas capacidades.

4. Entenda a origem:

Explore a origem de suas crenças limitantes. Reflita sobre onde essas crenças se originaram, se foram influenciadas por experiências passadas, expectativas sociais ou opiniões externas.

5. Substitua por declarações capacitadas:

Substitua crenças limitantes por declarações positivas e capacitadas. Por exemplo, se você acredita que "eu não sou bom o suficiente", substitua -o por "sou capaz e melhorando constantemente".

6. Pratique a auto-compaixão:

Cultive a auto-compaixão, tratando-se de bondade e compreensão. Reconheça que todos têm pontos fortes e fracos, e não há problema em não ser perfeito.

7. Desafie a conversa interna negativa:

Preste atenção à conversa interna negativa e desafiá-lo. Quando você se pega pensando negativamente, substitua conscientemente esses pensamentos por mais positivos e construtivos.

8. Estabeleça metas realistas:

Divida objetivos maiores em etapas menores e mais alcançáveis. Isso ajuda a criar confiança e desafia a crença de que certos objetivos são inatingíveis.

9. Procure contra -exemplos:

Identifique casos em sua vida em que você desafiou suas crenças limitantes. Esses contra -exemplos servem como evidência que contradiz os pensamentos negativos que você pode ter sobre si mesmo.

10. Visualize o sucesso:

Use técnicas de visualização para se imaginar sucessor e superando desafios. A visualização pode ajudar a reformular seu cérebro e criar uma imagem mental positiva de suas capacidades.

11. Cerque -se de positividade:

Cerque -se de influências positivas, indivíduos de apoio e ambientes que promovem uma mentalidade de crescimento. Influências positivas podem ajudar a neutralizar o impacto das crenças limitantes.

12. Afirmações:

Use afirmações positivas para reforçar uma mentalidade mais otimista. Repita regularmente afirmações que desafiam e substituem suas crenças limitantes.

13. Tome medidas incrementais:

Gradualmente, exponha -se a situações que desafiam suas crenças limitantes. Dê pequenos passos para criar confiança e provar a si mesmo que você é capaz de superar obstáculos.

14. Cultive uma mentalidade de crescimento:

Abrace uma mentalidade de crescimento acreditando em sua capacidade de aprender, adaptar e melhorar. Entenda que a inteligência e as habilidades não são consertadas, mas podem ser desenvolvidas com esforço e perseverança.

15. Procure apoio:

Compartilhe suas crenças limitantes com um amigo, mentor ou treinador de confiança. Buscar apoio e feedback de outras pessoas podem fornecer novas perspectivas e incentivo.

16. Concentre -se em soluções:

Em vez de resistir aos problemas, mude seu foco para encontrar soluções. Desenvolva uma mentalidade de solução de problemas que o capacite a agir em vez de se sentir preso.

17. Journaling:

Mantenha um diário para registrar seus pensamentos, emoções e desafios. Use-o como uma ferramenta para auto-reflexão e para acompanhar seu progresso na mudança de crenças limitantes.

18. Mindfulness and Meditation:

Pratique a atenção plena e a meditação para se tornar mais consciente de seus pensamentos e criar um espaço mental onde você possa desafiar e reformular crenças limitantes.

19. Comemore as realizações:

Celebre suas realizações, não importa quão pequeno. Reconheça seus sucessos e use -os como evidência que contradiz as crenças limitantes.

20. Ajuda profissional:

Considere buscar a assistência de um terapeuta, conselheiro ou treinador que possa fornecer orientação e apoio para desafiar e mudar as crenças limitantes.

A mudança de crenças limitantes é um processo que requer autoconsciência, esforço e comprometimento. Ao desafiar e reformular ativamente pensamentos negativos, você pode criar uma mentalidade mais empoderadora que apóie seu crescimento e sucesso pessoais.

C. Visualização e afirmações positivas

A visualização e as afirmações positivas são ferramentas poderosas que podem ser usadas para promover uma mentalidade positiva, aumentar a autoconfiança e promover o crescimento pessoal. Aqui está uma visão geral de cada técnica:

Visualização: o que é visualização?

A visualização, também conhecida como imagens mentais ou ensaio mental, envolve a criação de imagens mentais vívidas de situações, eventos ou resultados específicos. É uma técnica em que os indivíduos se imaginam mentalmente tendo sucesso ou alcançando seus objetivos.

Como praticar a visualização:

Defina metas claras: defina claramente a meta ou resultado específico que você deseja visualizar.
Encontre um espaço tranquilo: escolha um espaço tranquilo e confortável, onde você não será perturbado.
Relaxamento: respire fundo para relaxar seu corpo e acalmar sua mente.
Crie imagens mentais: Feche os olhos e imagine -se vividamente atingindo seu objetivo. Imagine os detalhes, emoções e sensações associadas ao sucesso.
Envolva todos os sentidos: envolva o maior número possível de sentidos. Sinta as texturas, ouça os sons e experimente as emoções associadas ao seu sucesso.
Repetição: Pratique a visualização regularmente, idealmente diariamente, para reforçar as imagens positivas em sua mente.
Mantenha -se positivo: concentre -se em aspectos positivos e visualize o processo de alcançar seus objetivos, não apenas o resultado final.

Benefícios da visualização:

Confiança aprimorada: a visualização ajuda a aumentar a confiança, ensaiando mentalmente o sucesso.
Maior motivação: pode aumentar a motivação criando uma imagem mental das recompensas e benefícios de alcançar seus objetivos.
Desempenho aprimorado: atletas e artistas geralmente usam a visualização para melhorar seu desempenho praticando mentalmente suas habilidades.

Afirmações positivas: O que são afirmações positivas?

Afirmações positivas são declarações positivas ou frases que são repetidas regularmente para incentivar uma mentalidade positiva e otimista. Eles foram projetados para desafiar e superar pensamentos auto-sabotadores e negativos.

Como praticar afirmações positivas:

Identifique crenças limitantes: identifique crenças ou pensamentos negativos que você deseja desafiar.

Crie declarações positivas: crie afirmações positivas que neutralizam crenças negativas. Por exemplo, se você luta com a dúvida, uma afirmação pode ser "estou confiante e capaz".

Repita regularmente: repita as afirmações de forma consistente, idealmente diariamente. Você pode dizer -os em voz alta ou silenciosamente para si mesmo.

Acredite nas afirmações: ao repetir as afirmações, tente realmente acreditar nas declarações positivas que você está fazendo.

Visualize as afirmações: combine afirmações positivas com a visualização imaginando a verdade das declarações como você as diz.

Benefícios de afirmações positivas:

Mudança de mentalidade: afirmações positivas ajudam a mudar sua mentalidade de negativo para positivo.

Maior auto-estima: O uso regular de afirmações pode aumentar a auto-estima e a autoestima.

Redução do estresse: As afirmações podem contribuir para a redução do estresse e melhorar o bem-estar mental.

Dicas para visualização eficaz e afirmações positivas:

Seja específico: defina claramente seus objetivos e afirmações para melhor foco.

Use o tempo presente: afirmações da frase no tempo presente para reforçar um senso de imediatismo.

Envolva emoções: tanto a visualização quanto as afirmações devem evocar emoções positivas.

Combine as técnicas: use a visualização e as afirmações positivas para obter um impacto mais potente.

A consistência é fundamental: pratique regularmente para ver benefícios de longo prazo.

Ao incorporar a visualização e as afirmações positivas em sua rotina diária, você pode remodelar seus padrões de pensamento, cultivar uma mentalidade positiva e trabalhar para alcançar seus objetivos com maior confiança e determinação.

XI. Superando desafios comuns

A superação dos desafios comuns na formação de hábitos e no desenvolvimento pessoal é crucial para o sucesso a longo prazo. Aqui estão algumas estratégias para enfrentar alguns desafios comuns:

1. Falta de motivação:

Divida seus objetivos em tarefas menores e gerenciáveis. Encontre o seu "porquê" - identifique as razões mais profundas por trás de seus objetivos. Visualize os benefícios e resultados para reacender a motivação.

2. Procrastinação:

Divida as tarefas em etapas menores e mais gerenciáveis. Use a "regra de dois minutos"-se uma tarefa levar menos de dois minutos, faça-a imediatamente. Defina prazos específicos e priorize tarefas.

3. Oprimido:

Priorize tarefas e concentre -se em uma coisa de cada vez. Divida objetivos maiores em etapas menores e acionáveis. Aprenda a dizer não para evitar assumir muito de uma só vez.

4. Falta de disciplina:

Construa disciplina gradualmente começando com pequenos hábitos. Use pistas e lembretes visuais. Crie uma rotina e cumpra - a. Responte-se através do rastreamento e auto-reflexão.

5. Conversa interna negativa:

Desafiar pensamentos negativos com afirmações positivas. Pratique a auto-compaixão e trate-se com bondade. Cerque -se de influências positivas e indivíduos de apoio.

6. Problemas de gerenciamento de tempo:

Priorize tarefas com base na importância e urgência. Use técnicas de bloqueio de tempo para alocar slots de tempo específicos para diferentes atividades. Defina prazos realistas e evite multitarefa.

7. Falta de responsabilidade:

Compartilhe seus objetivos com um amigo, membro da família ou colega. Considere encontrar um parceiro de responsabilidade. Use ferramentas como aplicativos de rastreamento de hábitos para monitorar seu progresso.

8. Medo do fracasso:

Reformular a falha como uma oportunidade de aprendizado. Divida o medo em preocupações específicas e aborde -as uma a uma. Comemore pequenas vitórias para construir confiança.

9. Perfeccionismo:

Abrace uma mentalidade de progresso sobre a perfeição. Defina expectativas realistas. Concentre -se no processo e não no resultado final. Aceite que os erros são uma parte natural do aprendizado e do crescimento.

10. Distrações:

Identifique e minimize as distrações em seu ambiente. Use técnicas como a técnica Pomodoro para o trabalho focado. Pratique a atenção plena em permanecer presente e focado.

11. Falta de objetivos claros:

Defina metas específicas, mensuráveis, alcançáveis, relevantes e de tempo (inteligentes). Divida objetivos maiores em etapas menores e acionáveis. Reavaliar regularmente e ajustar seus objetivos conforme necessário.

12. Burnout:

Priorize o autocuidado e mantenha um equilíbrio saudável no trabalho profissional. Faça pausas quando necessário. Delegar tarefas quando possível. Defina expectativas realistas e aprenda a reconhecer sinais de esgotamento.

13. Inconsistência:

Estabeleça uma rotina e cumpra -a. Comece com hábitos pequenos e gerenciáveis. Use ferramentas de rastreamento de hábitos para monitorar a consistência. Concentre -se no progresso, não na perfeição.

14. Pressões externas:

Comunique seus objetivos e limites a outros. Aprenda a dizer não quando necessário. Delegar tarefas quando possível. Concentre -se no que você pode controlar.

15. Falta de apoio:

Procure apoio de amigos, familiares ou uma comunidade com objetivos semelhantes. Conecte-se com indivíduos com idéias semelhantes online. Considere ingressar em um grupo de apoio ou encontrar um mentor.

16. Impaciência:

Entenda que a formação de hábitos leva tempo. Comemore pequenas vitórias ao longo do caminho. Pratique a atenção plena em permanecer presente e apreciar a jornada.

17. Expectativas irreais:

Definir metas realistas e alcançáveis. Divida objetivos maiores em etapas menores. Ajuste suas expectativas com base em suas circunstâncias e recursos atuais.

18. Falta de autoconfiança:

Concentre -se na criação de confiança através de pequenas vitórias. Reconhecer e celebrar suas realizações. Cerque -se de influências positivas. Procure feedback e use -o como uma ferramenta para melhorar.

19. Resistência à mudança:

Entender os benefícios da mudança. Comece com pequenas mudanças graduais. Concentre -se nos resultados positivos e no crescimento pessoal associado à adoção de mudanças.

20. Comparando -se com os outros:

Mude seu foco para dentro. Compare -se com o seu passado, e não com os outros. Abrace sua jornada única e celebre seu próprio progresso.

Lembre -se de que superar os desafios é um processo contínuo e o que funciona para uma pessoa pode não funcionar para outra. Experimente estratégias diferentes, seja paciente consigo mesmo e adapte sua abordagem conforme necessário para navegar nos obstáculos em sua jornada de desenvolvimento pessoal.

A. lidando com a procrastinação

A procrastinação é um desafio comum, mas existem estratégias eficazes para superá -lo e aumentar a produtividade. Aqui estão algumas dicas para lidar com a procrastinação:

1. Entenda a causa raiz:

Identifique as razões subjacentes à procrastinação. Pode ser medo do fracasso, falta de motivação ou sentindo -se sobrecarregado. Compreender a causa raiz ajuda a resolvê -la de maneira mais eficaz.

2. Divida as tarefas em etapas menores:

Divida tarefas maiores em etapas menores e mais gerenciáveis. Isso torna a meta geral menos intimidadora e permite que você se concentre em uma etapa de cada vez.

3. Defina metas específicas:

Defina claramente seus objetivos usando os critérios inteligentes (específicos, mensuráveis, alcançáveis, relevantes, com tempo limitado). Metas específicas fornecem uma direção clara e facilitam a ação.

4. Crie uma lista de tarefas:

Faça uma lista detalhada de tarefas que descreva suas tarefas. Priorize os itens da sua lista e os aborde um por um. A passagem de tarefas concluídas fornece uma sensação de realização.

5. Use técnicas de gerenciamento de tempo:

Explore os métodos de gerenciamento de tempo, como a técnica Pomodoro (trabalhe por 25 minutos e depois faça um intervalo de 5 minutos) ou bloqueio de tempo (alocando slots de tempo específicos para diferentes tarefas).

6. Definir prazos:

Estabeleça prazos realistas para suas tarefas. Ter um prazo cria um senso de urgência e incentiva a ação oportuna.

7. Elimine as distrações:

Identifique e minimize as distrações em seu ambiente. Desative as notificações, crie um espaço de trabalho dedicado e considere usar bloqueadores de sites ou aplicativos de produtividade, se necessário.

8. Visualize o resultado final:

Imagine os resultados positivos e os benefícios de concluir a tarefa. A visualização pode aumentar a motivação e tornar o objetivo parecer mais viável.

9. Estabeleça uma rotina:

Desenvolver uma rotina diária consistente. Ter um cronograma definido ajuda a criar o hábito de iniciar e concluir tarefas em horários específicos.

10. Comece com a tarefa mais fácil:

Comece o seu dia abordando a tarefa mais fácil ou mais agradável da sua lista de tarefas. Isso pode criar impulso e facilitar a transição para tarefas mais desafiadoras.

11. Use a regra de dois minutos:

Se uma tarefa levar menos de dois minutos para ser concluída, faça -o imediatamente. Isso impede que pequenas tarefas se acumulem e se tornem esmagadoras.

12. Recompense -se:

Estabeleça um sistema de recompensas para concluir tarefas. Trate -se de algo agradável depois de realizar um conjunto de tarefas para reforçar o comportamento positivo.

13. Encontre um parceiro de responsabilidade:

Compartilhe seus objetivos e prazos com alguém que pode responsabilizá -lo. Saber que outra pessoa está ciente de seus compromissos pode aumentar a motivação.

14. Mude seu ambiente:

Se você estiver preso em um loop de procrastinação, mude seu ambiente. Mova para uma sala ou espaço de trabalho diferente para criar uma nova perspectiva.

15. Confronte o medo e o perfeccionismo:

Reconheça e confronte os medos relacionados ao fracasso ou à busca da perfeição. Entenda que não há problema em cometer erros e que tomar medidas imperfeitas é melhor do que não agir.

16. Use a "Matriz Eisenhower":

Priorize as tarefas usando a matriz Eisenhower, que categoriza as tarefas em quatro quadrantes com base em urgência e importância. Concentre-se nas tarefas de alta prioridade primeiro.

17. Procure responsabilidade de outros:

Compartilhe seus objetivos com amigos, familiares ou colegas que podem fornecer incentivo e responsabilidade. Saber que os outros estão cientes de seus objetivos pode motivá -lo a permanecer no caminho certo.

18. Reflita sobre as consequências:

Considere as consequências da procrastinação contínua. Reflita sobre como o atraso nas tarefas pode afetar seus objetivos, bem-estar ou progresso geral.

19. Pratique a auto-compaixão:

Seja gentil consigo mesmo e pratique a auto-compaixão. Entenda que todos procrastina às vezes, e está tudo bem. Concentre -se em fazer mudanças positivas avançando.

20. Procure ajuda profissional, se necessário:

Se a procrastinação estiver impactando significativamente sua vida e objetivos, considere buscar orientação de um terapeuta ou treinador que possa fornecer estratégias e apoio.

Lembre -se de que superar a procrastinação é um processo gradual e encontrar as estratégias que funcionam melhor para você pode exigir alguma experimentação. A implementação dessas técnicas de forma consistente pode ajudá -lo a desenvolver melhores hábitos e aumentar sua capacidade de enfrentar tarefas em tempo hábil.

B. Gerenciando o estresse e a dúvida

Gerenciar o estresse e a dúvida é crucial para manter o bem-estar mental e alcançar o sucesso pessoal e profissional. Aqui estão algumas estratégias para ajudar a lidar com o estresse e superar a dúvida:

Identifique estressores:

Reconheça e identifique as fontes de estresse em sua vida. Compreender o que desencadeia o estresse permite abordar as causas raiz.

Pratique a atenção plena e a meditação:

Envolva -se em atenção plena e meditação para permanecer presente e reduzir o estresse. Essas práticas ajudam a acalmar a mente e promover o relaxamento.

Exercícios de respiração profunda:

Pratique exercícios de respiração profunda para acalmar instantaneamente seu sistema nervoso. Concentre -se em respirações lentas e profundas para aliviar o estresse e a ansiedade.

Atividade física regular:

Incorporar exercícios regulares em sua rotina. A atividade física tem benefícios comprovados para reduzir o estresse e melhorar o humor.

Estabelecer hábitos saudáveis:

Priorize bom sono, uma dieta equilibrada e hidratação. Um estilo de vida saudável contribui para um melhor gerenciamento do estresse.

Estabeleça metas realistas:

Divida objetivos maiores em etapas menores e alcançáveis. O estabelecimento de metas realista reduz a sensação de ficar sobrecarregado.

Gerenciamento de tempo:

Priorize tarefas, use técnicas de gerenciamento de tempo e crie um cronograma para evitar se sentir apressado e estressado.

Aprenda a dizer não:

Defina os limites e aprenda a dizer não quando necessário. O excesso de comprometimento pode levar ao aumento do estresse.

Suporte social:

Procure apoio de amigos, familiares ou rede de apoio. Compartilhar seus sentimentos pode proporcionar alívio emocional.

Procure ajuda profissional:

Se o estresse se tornar esmagador, considere buscar orientação de um profissional de saúde mental.

Superando a dúvida: desafie pensamentos negativos:

Identifique e desafie os pensamentos autodidatas. Substitua pensamentos negativos por mais positivos e construtivos.

Reconheça as conquistas:

Reconheça e celebram regularmente suas realizações, por menor que seja. Reconhecer seus sucessos cria confiança.

Concentre -se nos pontos fortes:

Identifique e concentre -se em seus pontos fortes e sucessos passados. Lembre -se de suas capacidades.

Defina expectativas realistas:

Estabeleça expectativas realistas para si mesmo. A perfeição não é atingível, e o estabelecimento de metas alcançáveis reduz a dúvida.

Afirmações positivas:

Use afirmações positivas para reforçar uma mentalidade positiva. Repita declarações que desafiam a dúvida e criam autoconfiança.

Visualização:

Visualize -se tendo sucesso e alcançando seus objetivos. Este ensaio mental pode aumentar a confiança e reduzir a dúvida.

Procure feedback construtivo:

Procure feedback de outras pessoas para obter uma perspectiva mais objetiva. O feedback construtivo pode fornecer informações sobre seus pontos fortes e áreas para melhorar.

Aprender com os erros:

Veja os erros como oportunidades de aprendizado e crescimento. Entenda que todos cometem erros e não definem seu valor ou habilidades.

Cerque -se de positividade:

Cerque -se de influências positivas e indivíduos de apoio. Escolha relacionamentos que elevam e o incentivem.

Auto compaixão:

Pratique a auto-compaixão, tratando-se de bondade e compreensão. Seja tão favorável a si mesmo quanto para um amigo enfrentando desafios semelhantes.

Estabeleça metas incrementais:

Divida as metas maiores em etapas menores e mais gerenciáveis. Conseguir marcos menores aumenta a confiança e diminui a dúvida.

Finge até conseguires:

Aja com confiança, mesmo que você não o sinta inicialmente. Assumir um comportamento confiante pode impactar positivamente sua mentalidade.

Abrace o fracasso como uma oportunidade de aprendizado:

Entenda que o fracasso é uma parte natural do processo de aprendizado. Abrace -o como uma oportunidade de crescimento e melhoria.

Diário:

Mantenha um diário para refletir sobre suas realizações, desafios e sentimentos. O diário pode ajudá -lo a obter perspectiva e acompanhar seu desenvolvimento pessoal.

Visualização positiva:

Use a visualização positiva para imaginar resultados bem - sucedidos. Visualizar o sucesso reforça uma mentalidade positiva.

Cerque -se de pessoas de apoio:

Construa uma rede de apoio de amigos, familiares ou mentores que incentivem e acreditam em suas capacidades.

Aprender novas habilidades:

A aquisição de novas habilidades e conhecimentos pode aumentar sua confiança. A aprendizagem contínua contribui para o crescimento pessoal e profissional.

Faça pausas e pratique o autocuidado:

Permita-se quebra e pratique o autocuidado regularmente. Cuidar do seu bem-estar melhora a resiliência e a autoconfiança.

Terapia cognitivo-comportamental (TCC):

Considere a terapia cognitivo-comportamental, uma abordagem terapêutica que ajuda os indivíduos a identificar e alterar os padrões de pensamento negativos.

Comemore o progresso, não a perfeição:

Mude seu foco de alcançar a perfeição para celebrar o progresso. Reconheça que o crescimento pessoal é uma jornada contínua.

A combinação dessas estratégias pode ajudá-lo a gerenciar efetivamente o estresse e superar a dúvida, levando a uma mentalidade mais positiva e resiliente. Lembre -se de que construir confiança e resiliência é um processo gradual e a consistência é fundamental.

C. adaptando -se para mudar e permanecer resiliente

A adaptação para a mudança e o cultivo de resiliência são habilidades essenciais para navegar nos desafios e incertezas da vida. Aqui estão algumas estratégias para ajudá -lo a se adaptar a mudar e aprimorar sua resiliência:

Adaptação à mudança: abraça uma mentalidade de crescimento:

Adote uma mentalidade de crescimento que considera os desafios como oportunidades de aprendizado e crescimento. Abrace a ideia de que a mudança pode levar ao desenvolvimento pessoal.

Fique flexível:

Cultive a flexibilidade e a abertura para novas idéias. Esteja disposto a ajustar seus planos e estratégias em resposta às mudanças nas circunstâncias.

Concentre -se no que você pode controlar:

Identifique aspectos de uma situação que você pode controlar e concentrar sua energia e esforços nessas áreas. Aceite que algumas coisas estão além do seu controle.

Quebrar grandes mudanças:

Se enfrentar uma mudança significativa, divida -a em etapas menores e mais gerenciáveis. Isso torna o processo menos esmagador e permite adaptação gradual.

Encontre o forro de prata:

Procure os aspectos positivos da mudança. Identifique possíveis oportunidades ou benefícios que possam surgir de uma nova situação.

Crie um sistema de suporte:

Cerque -se de uma rede de apoio de amigos, familiares ou colegas que podem oferecer orientação e incentivo durante os períodos de mudança.

Procure oportunidades de aprendizado:

Veja a mudança como uma oportunidade de aprender e adquirir novas habilidades. Seja curioso e aberto a obter conhecimento em áreas relacionadas à mudança.

Mantenha -se positivo e otimista:

Mantenha uma perspectiva positiva e cultive otimismo. Concentre -se nas possibilidades e possíveis resultados positivos associados à mudança.

Desenvolva estratégias de enfrentamento:

Identifique mecanismos saudáveis de enfrentamento que funcionam para você, como atenção plena, exercícios ou tomadas criativas. Essas estratégias podem ajudar a gerenciar o estresse em momentos de mudança.

Aprenda com experiências passadas:

Reflita sobre como você navegou com sucesso mudanças no passado. Aproveite essas experiências para criar confiança em sua capacidade de se adaptar.

Construindo Resiliência: Cultive um forte sistema de apoio:

Promova relacionamentos com amigos, familiares e colegas que fornecem apoio emocional e incentivo. Ter um forte sistema de apoio melhora a resiliência.

Desenvolva habilidades de solução de problemas:

Fortaleça sua capacidade de resolver problemas, dividindo -os em etapas gerenciáveis. Concentre -se em encontrar soluções práticas em vez de morar nos desafios.

Pratique a auto-compaixão:

Trate -se com bondade e entendimento durante os tempos desafiadores. Evite autocrítica e reconheça que os contratempos são uma parte natural da vida.

Mantenha um estilo de vida saudável:

Priorize o autocuidado dormindo o suficiente, comendo uma dieta equilibrada e se envolvendo em atividades físicas regulares. Um estilo de vida saudável contribui para a resiliência geral.

Cultive um senso de propósito:

Identifique seus valores e defina metas significativas. Ter um senso de propósito pode fornecer motivação e uma perspectiva mais ampla em tempos difíceis.

Desenvolver consciência emocional:

Crie inteligência emocional, tomando conhecimento e compreendendo suas emoções. Essa consciência permite que você navegue desafios com maior resiliência.

Pratique a atenção plena e as técnicas de relaxamento:

Incorpore exercícios de atenção plena e relaxamento em sua rotina. Técnicas como respiração profunda ou meditação podem ajudar a gerenciar o estresse e aumentar a resiliência.

Defina expectativas realistas:

Estabeleça expectativas realistas para si mesmo. Entenda que nem tudo irá de acordo com o Plan, e tudo bem.

Construir adaptabilidade:

Fortaleça sua capacidade de se adaptar a diferentes situações. Abrace a mudança como uma parte inevitável da vida e desenvolva uma mentalidade que possa navegar por incertezas.

Aprenda com as adversidades:

Veja desafios e contratempos como oportunidades de crescimento. Reflita sobre o que você aprendeu com experiências difíceis e como elas contribuíram para sua resiliência.

Mantenha um círculo social positivo:

Cerque -se de influências positivas. Passar tempo com pessoas de apoio pode ter um impacto positivo em sua resiliência geral.

Celebrar pequenas vitórias:

Reconheça e celebra suas realizações, por menor que seja. O reconhecimento do progresso aumenta a confiança e a resiliência.

Procure apoio profissional:

Se necessário, não hesite em buscar apoio de um terapeuta, conselheiro ou profissional de saúde mental. Eles podem fornecer orientação e estratégias para construir resiliência.

Mantenha -se adaptável:

Cultive uma mentalidade adaptável. Abrace a mudança e veja -a como uma oportunidade de crescimento pessoal e profissional.

Aprenda a gerenciar o estresse:

Desenvolva técnicas eficazes de gerenciamento de estresse, como gerenciamento de tempo, exercícios de relaxamento e limites para reduzir o impacto do estresse na sua resiliência.

Lembre -se de que a resiliência é uma habilidade que pode ser desenvolvida e fortalecida ao longo do tempo. Ao incorporar essas estratégias em sua vida, você pode se adaptar de maneira mais eficaz para mudar e criar maior resiliência diante dos desafios.

Xii. Estudos de caso e histórias de sucesso

A. Exemplos de indivíduos que transformaram suas vidas através da construção de hábitos

Embora eu não possa fornecer exemplos específicos da vida real de indivíduos devido a considerações de privacidade, posso compartilhar arquétipos gerais e cenários comuns em que as pessoas transformaram suas vidas através da construção de hábitos. Esses exemplos destacam o poder dos hábitos intencionais para alcançar o crescimento e o sucesso pessoal:

Perda de peso e condicionamento físico: Jornada de perda de peso de John:

John, enfrentando problemas de saúde devido à obesidade, transformou sua vida adotando hábitos saudáveis. Ele incorporou exercícios regulares, desenvolveu uma dieta equilibrada e cultivou práticas alimentares conscientes. Com o tempo, ele alcançou uma perda significativa de peso, melhorou sua saúde geral e ganhou uma visão mais positiva da vida.

Produtividade e gerenciamento de tempo: transformação de produtividade de Emily:

Emily lutou com a procrastinação e desorganização, afetando seu trabalho e vida pessoal. Ela implementou hábitos como bloqueio de tempo, criação de listas de tarefas e minimizando distrações. Como resultado, ela se tornou mais organizada, produtiva e alcançou seus objetivos profissionais e pessoais com maior eficiência.

Sucesso financeiro: a recuperação financeira de Sarah:

Sarah, sobrecarregada por dívida e estresse financeiro, transformou sua situação financeira através da construção de hábitos. Ela desenvolveu hábitos como orçamento, economia e investimento com sabedoria. Com o tempo, ela pagou suas dívidas, construiu um buffer de poupança e alcançou a estabilidade financeira.

Avanço de carreira: Jornada de crescimento na carreira de Mike:

Mike apontou para o avanço da carreira, mas se sentiu preso. Ele construiu hábitos como aprendizado contínuo, networking e estabelecimento de objetivos profissionais claros. Esses hábitos o ajudaram a obter novas habilidades, estabelecer conexões valiosas e, eventualmente, garantir promoções e avanços na carreira.

Desenvolvimento pessoal: Boost de confiança de Lisa:

Lisa lutou com a dúvida e a falta de autoconfiança. Através da construção de hábitos, incluindo afirmações positivas, estabelecendo e atingindo pequenas metas e buscando oportunidades de desenvolvimento profissional, ela transformou sua mentalidade. Lisa ganhou confiança, superou os desafios e perseguiu novas oportunidades em sua vida pessoal e profissional.

Saúde mental e bem-estar: Tom's Stress Management Transformation:

Tom enfrentou estresse crônico e ansiedade que impactaram sua saúde mental. Através de práticas de construção de hábitos, como meditação da atenção plena, exercícios regulares e limites, ele melhorou seu bem-estar geral. Tom aprendeu a gerenciar o estresse de maneira eficaz e desenvolveu resiliência diante dos desafios da vida.

Relacionamentos e comunicação: hábitos de construção de relacionamento de Anna:

Anna lutou para manter relacionamentos saudáveis devido a maus hábitos de comunicação. Ela trabalhou em escuta ativa, expressando emoções abertamente e praticando empatia. Como resultado, seus relacionamentos melhoraram e ela construiu conexões mais fortes com amigos e familiares.

Criatividade e paixão pessoal: a transformação criativa de Alex:

Alex, sentindo -se não realizado em sua rotina, queria seguir sua paixão por escrever. Ao construir hábitos como sessões diárias de redação, ler extensivamente e conectar -se a uma comunidade de redação, ele transformou seus empreendimentos criativos. Alex publicou um livro e encontrou uma sensação de realização através de sua paixão.

Sucesso acadêmico: a excelência acadêmica de Emma:

Emma lutou com o desempenho acadêmico e a motivação. Através de estratégias de construção de hábitos, como rotinas eficazes de estudo, estabelecimento de metas e busca de apoio quando necessário, ela transformou seu desempenho acadêmico. Emma não apenas melhorou suas notas, mas também desenvolveu um amor pelo aprendizado.

Esses exemplos ilustram que a construção de hábitos intencionais, quando alinhada com objetivos e valores pessoais, pode levar a mudanças transformadoras em vários aspectos da vida. Seja saúde física, carreira, relacionamentos ou desenvolvimento pessoal, os indivíduos podem obter melhorias significativas cultivando hábitos positivos ao longo do tempo.

B. Lições aprendidas de várias histórias de sucesso

Histórias de sucesso de indivíduos que transformaram suas vidas através da construção de hábitos intencionais oferecem lições valiosas que podem inspirar e orientar outras pessoas em suas jornadas. Aqui estão algumas lições comuns aprendidas de várias histórias de sucesso:

A consistência é chave:

Indivíduos bem -sucedidos enfatizam a importância de um esforço consistente. Hábitos pequenos e diários, repetidos ao longo do tempo, têm um impacto profundo no bem-estar e conquista gerais.

Comece pequeno, pense grande:

Muitas histórias de sucesso destacam o poder de começar com hábitos pequenos e gerenciáveis. Com o tempo, essas pequenas ações se compostas e levam a mudanças positivas significativas.

Mentset Matters:

A mentalidade dos indivíduos desempenha um papel crucial em seu sucesso. O desenvolvimento de uma mentalidade positiva e orientada para o crescimento permite resiliência diante de desafios e contratempos.

Estabeleça metas claras:

Definir metas claras e específicas é um tema comum. As histórias de sucesso geralmente envolvem indivíduos que tinham uma visão clara do que queriam alcançar e definir etapas acionáveis para alcançar esses objetivos.

Adaptabilidade e flexibilidade:

A vida é imprevisível e indivíduos de sucesso enfatizam a importância da adaptabilidade. Ser flexível e disposto a ajustar estratégias em resposta às mudanças nas circunstâncias é essencial para o sucesso a longo prazo.

Aprenda com os contratempos:

Os contratempos são vistos não como falhas, mas como oportunidades de aprendizado e crescimento. Indivíduos que superaram os desafios geralmente enfatizam a importância de aprender com erros e usar os contratempos como trampolins para o sucesso.

A auto-reflexão é crucial:

A auto-reflexão regular é um hábito comum entre aqueles que alcançaram sucesso. Envolve avaliar o progresso de alguém, reconhecer áreas de melhoria e celebrar sucessos ao longo do caminho.

Crie um sistema de suporte:

Construir uma rede de apoio é um tema consistente. As histórias de sucesso geralmente envolvem indivíduos que se cercavam de influências positivas, buscavam orientação de mentores e compartilhavam suas jornadas com amigos ou familiares de apoio.

A persistência compensa:

Persistência e perseverança são qualidades recorrentes em histórias de sucesso. Conseguir mudanças significativas geralmente requer esforço contínuo, mesmo quando confrontado com desafios e momentos de dúvida.

Equilíbrio e bem-estar:

O sucesso não é apenas sobre realizações profissionais. Muitas histórias de sucesso enfatizam a importância de manter um equilíbrio entre trabalho, vida pessoal e bem-estar. Cuidar da saúde física e mental de alguém contribui para o sucesso sustentado.

Aprendizado contínuo:

A aprendizagem ao longo da vida é uma característica comum entre indivíduos bem -sucedidos. Seja adquirindo novas habilidades, buscando conhecimento ou permanecendo curioso, o compromisso com o aprendizado contínuo contribui para o crescimento pessoal.

Responsabilidade e suporte:

A responsabilidade é um fator crucial no sucesso da construção de hábitos. Seja por conta própria ou com a ajuda de parceiros de responsabilidade, é benéfico ter um sistema para permanecer no caminho certo.

Celebrar pequenas vitórias:

Celebrar pequenas realizações ao longo do caminho é importante para manter a motivação. Reconhecer e reconhecer o progresso, por mais incremental, promove uma mentalidade positiva.

Autenticidade e paixão:

As histórias de sucesso geralmente envolvem indivíduos autênticos e apaixonados por suas atividades. Alinhar hábitos com valores e paixões pessoais contribui para um senso de propósito e realização.

Gerenciamento de tempo:

Indivíduos bem -sucedidos geralmente são hábeis em gerenciar seu tempo de maneira eficaz. Priorizar tarefas, definir limites e estar atento a como o tempo é gasto contribui para o sucesso geral.

Fique inspirado:

Manter a inspiração e a motivação é crucial para o sucesso a longo prazo. Muitas histórias de sucesso envolvem indivíduos que buscam regularmente inspiração em várias fontes, sejam livros, mentores ou seu próprio progresso.

Essas lições demonstram que o sucesso é uma jornada moldada por hábitos intencionais, mentalidade, perseverança e um compromisso com a melhoria contínua. Ao aprender com essas idéias, os indivíduos podem aplicar princípios semelhantes a suas próprias vidas e perseguir seus objetivos com maior propósito e resiliência.

Xiii. Conclusão

A. Recapitulação dos conceitos -chave

Vamos recapitular os principais conceitos relacionados à construção de melhores hábitos e a obter sucesso:

Formação de hábitos:

Definição: os hábitos são comportamentos de rotina que são repetidos regularmente e geralmente ocorrem automaticamente. Loop de hábitos: consiste em uma sugestão, rotina e recompensa, formando a base da formação de hábitos.

Importância dos hábitos para alcançar o sucesso:

Os hábitos moldam o comportamento: hábitos diários influenciam os resultados e o sucesso a longo prazo.
Matérias de consistência: hábitos positivos consistentes levam a sucesso sustentado.

Visão geral da construção de melhores hábitos: um guia para o sucesso:

Tópicos-chave: Entendendo hábitos, ciência da formação de hábitos, estabelecimento de metas, ambiente de formação de hábitos, consistência, hábitos positivos, quebra de hábitos negativos, responsabilidade, mudança de mentalidade, superando desafios, estudos de caso, histórias de sucesso.

Loop de hábitos:

Sugestão: gatilho que inicia um hábito.
Rotina: comportamento ou ação desencadeada pela sugestão.
Recompensa: Resultado positivo ou reforço associado à rotina.

Tipos de hábitos:

Hábitos positivos: comportamentos construtivos que contribuem para o crescimento pessoal.
Hábitos negativos: comportamentos destrutivos que impedem o progresso.

Identificando hábitos existentes:

Autoconsciência: Reconhecer os hábitos atuais é o primeiro passo em direção à mudança.

Ciência da formação de hábitos:

Aspectos neurológicos: Os hábitos estão arraigados em vias neurais, moldando o comportamento.
Sistema de recompensa do cérebro: as recompensas reforçam a formação de hábitos.

Como os hábitos se tornam automáticos:

Repetição: A repetição consistente reforça as vias neurais.
Ciclo de recompensa-rotina-rotina: estabelece o loop de hábitos.

Definindo metas claras:

Importância: as metas fornecem orientação e motivação.
Objetivos inteligentes: específico, mensurável, alcançável, relevante, limite de tempo.

Alinhando hábitos com objetivos de longo prazo:

Consistência com as metas: garantir que os hábitos contribuam para objetivos gerais.

Criando um ambiente de formação de hábitos:

Espaço físico: ambiente de design para apoiar hábitos positivos.
Remoção de obstáculos: elimina as distrações impedindo a formação de hábitos.
Influências de apoio: cercam -se de influências positivas.

O poder da consistência:

Estabelecer uma rotina: rotinas consistentes reforçam hábitos positivos.
Rituais diários: ações específicas repetidas diariamente para o sucesso.

Construindo hábitos positivos:

Identificando hábitos -alvo: concentre -se em hábitos específicos para o sucesso.
Progressão gradual: pequenas vitórias contribuem para a formação de hábitos.
Rastreamento Progresso: Meça e monitore o desenvolvimento do hábito.

Quebrando hábitos negativos:

Reconhecendo hábitos nocivos: identifique e reconheça comportamentos negativos.
Estratégias para a mudança: substituindo hábitos negativos por alternativas positivas.

Aproveitando a responsabilidade e o suporte:

Parceiros de prestação de contas: procure suporte e compartilhe metas para a responsabilidade mútua.
Criando um sistema de suporte: construa uma rede de indivíduos incentivando a formação de hábitos.
Celebrando realizações: compartilhe sucessos para reforçar o comportamento positivo.

Mudança de mentalidade para o sucesso do hábito:

Cultivar uma mentalidade de crescimento: abraça os desafios e veja falhas como oportunidades.
Mudança de crenças limitantes: desafiar e superar crenças negativas.
Visualização e afirmações: use imagens e afirmações positivas para motivação.

Superando os desafios comuns:

Lidando com a procrastinação: implemente estratégias para superar a procrastinação.

Gerenciando o estresse e a dúvida:

Gerenciamento de estresse: identifique estressores e pratique estratégias de enfrentamento.
Superando a dúvida: desafie pensamentos negativos e construa confiança.

Adaptando -se para mudar e permanecer resiliente:

Abrace a mudança: desenvolva adaptabilidade e abertura a novas oportunidades.
Resiliência: Aprenda com os contratempos e recupere mais forte.

Em resumo, a construção de melhores hábitos é um processo dinâmico e intencional que molda o sucesso individual em vários domínios da vida. A jornada envolve autoconsciência, estabelecimento de metas, consistência, adaptabilidade e uma mentalidade positiva, com lições aprendidas com exemplos da vida real, servindo como guias valiosos.

B. Incentivo para os leitores embarcarem em sua jornada de construção de hábitos

O embarque em uma jornada de construção de hábitos é uma decisão poderosa e transformadora que pode levar a mudanças positivas em vários aspectos de sua vida. Ao considerar dar este passo emocionante, aqui está algum incentivo para inspirar e guiá-lo sobre sua jornada de construção de hábitos:

Você tem o poder de mudar:

Lembre -se de que você tem o poder de moldar seus hábitos e, por sua vez, seu futuro. Toda mudança positiva começa com uma única etapa, e essa etapa está sob seu controle.

Comece pequeno, mira alto:

Não subestime o impacto de ações pequenas e consistentes. Começar com hábitos gerenciáveis define a base para conquistas maiores. Mira alto em suas aspirações, mas comece com etapas realistas e alcançáveis.

Comemore o progresso, não a perfeição:

O progresso é uma jornada, não um destino. Celebre cada pequena vitória ao longo do caminho, reconhecendo que a perfeição não é o objetivo. Reconheça seus esforços e as mudanças positivas que você faz.

Abrace o processo de aprendizado:

Construir melhores hábitos é um processo de aprendizado. Você pode encontrar desafios e contratempos, mas cada obstáculo é uma oportunidade de crescer e refinar sua abordagem. Abrace a jornada de autodescoberta e melhoria.

Sua jornada é única:

Sua jornada de construção de hábitos é pessoal e única para você. Não compare seu progresso com os outros. Concentre -se em seus objetivos, valores e nas mudanças positivas que você está fazendo em sua própria vida.

A consistência é chave:

A consistência é uma força poderosa na formação de hábitos. Comprometa -se com os hábitos escolhidos diariamente, mesmo que o progresso pareça gradual. Com o tempo, esses esforços consistentes produzirão resultados significativos.

Toque em sua força interna:

Construir melhores hábitos requer resiliência e força interior. Acredite na sua capacidade de superar os desafios, aprender com os contratempos e perseverar diante das adversidades. Sua força é um ativo valioso nessa jornada.

Visualize seu sucesso:

Visualize os resultados positivos dos seus esforços de construção de hábitos. Visualize a pessoa que você deseja se tornar e a vida que deseja levar. Essas imagens mentais podem servir de motivação e um lembrete de seus objetivos.

Procure apoio e compartilhe sua jornada:

Compartilhe suas metas de construção de hábitos com amigos, familiares ou mentores de apoio. Ter uma rede de incentivo pode fornecer motivação, orientação e responsabilidade. Você não está sozinho nesta jornada.

Refletir e ajustar:

Reflita regularmente sobre seu progresso e ajuste seus hábitos conforme necessário. Esteja aberto a aprender com suas experiências e não tenha medo de refinar sua abordagem. A flexibilidade e a adaptabilidade são essenciais para o sucesso a longo prazo.

Aproveite o processo:

Construir melhores hábitos não é apenas chegar ao destino; Trata-se de desfrutar do processo de auto-aperfeiçoamento. Abrace as mudanças positivas que acontecem em sua vida e encontre alegria na jornada.

Você merece um futuro melhor:

Lembre-se de que você merece um futuro cheio de realização, sucesso e bem-estar. Ao investir em hábitos positivos, você está moldando ativamente uma versão mais brilhante e mais empoderada de si mesmo.

Ao embarcar em sua jornada de construção de hábitos, lembre-se de que todos os esforços, por menor que sejam pequenos, contribuam para o seu crescimento e sucesso. Acredite em si mesmo, mantenha -se comprometido com seus objetivos e abraça o poder transformador dos hábitos intencionais. Sua jornada é uma oportunidade contínua de autodescoberta, mudança positiva e uma vida bem vivida. Boa sorte no seu empolgante caminho a seguir!

Em conclusão, a jornada em direção ao sucesso e à transformação pessoal é frequentemente marcada pela construção de hábitos intencionais, resiliência e uma mentalidade orientada para o crescimento. As lições aprendidas de várias histórias de sucesso enfatizam a importância da consistência, iniciando pequenos e mantendo a adaptabilidade diante das incertezas da vida. Estabelecimento claro de metas, adaptabilidade e capacidade de aprender com os contratempos são componentes cruciais da construção de hábitos bem-sucedidos.

As histórias de sucesso também ressaltam o significado da mentalidade, enfatizando o poder da positividade, auto-reflexão e um compromisso contínuo com o aprendizado. Construir um forte sistema de apoio, permanecer responsável e celebrar pequenas vitórias contribuem para a sustentabilidade dos hábitos positivos. O equilíbrio entre a vida pessoal e profissional, juntamente com o foco no bem-estar, destaca que o sucesso não é definido exclusivamente por realizações externas, mas também por uma abordagem holística da vida.

O principal argumento é que o sucesso é uma jornada dinâmica e individualizada, e não há fórmula de tamanho único. No entanto, surgem temas comuns, ilustrando o poder transformador dos hábitos intencionais e uma mentalidade resiliente. Ao incorporar essas lições em nossas próprias vidas, podemos navegar por desafios, superar os contratempos e alcançar o sucesso pessoal e profissional. Por fim, o processo de construção de hábitos é um empreendimento ao longo da vida, e a jornada em si é tão importante quanto o destino.

C. Pensamentos finais sobre o processo ao longo da vida de construir melhores hábitos para o sucesso sustentado

O processo ao longo da vida de construir melhores hábitos para o sucesso sustentado é uma jornada marcada por autodescoberta, resiliência e crescimento contínuo. Ao embarcar nesse caminho transformador, considere os seguintes pensamentos finais:

A transformação é contínua:

Construir hábitos melhores não é um destino; É um processo contínuo e em evolução. Abrace a idéia de que o crescimento pessoal é uma jornada ao longo da vida, e cada estágio traz novas oportunidades para mudanças positivas.

Aprenda com todas as experiências:

Toda experiência, seja um sucesso ou um revés, oferece lições valiosas. Use desafios como trampolins para o crescimento e celebrar sucessos como marcos em sua jornada. Aprender com todas as experiências aprimora sua sabedoria e resiliência.

A adaptabilidade é uma superpotência:

Cultive a superpotência da adaptabilidade. A vida é dinâmica e as circunstâncias mudam. Ser adaptável permite que você ajuste seus hábitos, objetivos e estratégias para se alinhar com a natureza em evolução de sua vida.

Celebre as pequenas vitórias:

O sucesso sustentado geralmente vem do acúmulo de pequenas vitórias. Celebre o progresso que você faz ao longo do caminho, por mais incremental. Reconhecer suas realizações alimenta a motivação e reforça o comportamento positivo.

Concentre-se no bem-estar:

O sucesso é holístico e inclui bem-estar físico, mental e emocional. Priorize o autocuidado, mantenha um equilíbrio saudável no trabalho profissional e nutra todos os aspectos de sua vida para garantir sucesso e realização sustentados.

Aproveite a jornada:

Encontre alegria no processo de construção de melhores hábitos. A jornada em si é rica em experiências, oportunidades e momentos de autodescoberta. Aprecie o presente enquanto trabalha em direção a seus objetivos futuros.

Procure melhoria contínua:

A busca da melhoria contínua está no centro da construção de melhores hábitos. Avalie regularmente seus hábitos, defina novas metas e busque maneiras de aprimorar sua vida pessoal e profissional. O compromisso com o crescimento garante sucesso sustentado.

Redefine o sucesso em seus termos:

O sucesso é um conceito profundamente pessoal. Reserve um tempo para definir o que o sucesso significa para você. Deixe seus valores, paixões e aspirações orientar sua jornada e não tenha medo de redefinir o sucesso à medida que você evolui.

Cerque -se de positividade:

Cultive um ambiente positivo e se cerpe de influências de apoio. Compartilhe sua jornada com aqueles que elevam e incentivam você. Um sistema de suporte positivo contribui significativamente para o seu sucesso contínuo.

Refletir regularmente:

A auto-reflexão regular é um hábito poderoso em si. Reserve um tempo para refletir sobre seus objetivos, hábitos e bem-estar geral. Avalie o que está funcionando, o que precisa de ajuste e celebrar sua evolução pessoal e profissional.

Seja gentil consigo mesmo:

Construir melhores hábitos envolve progresso, não perfeição. Seja gentil e compassivo consigo mesmo nesta jornada. Entenda que os contratempos são naturais e oferecem oportunidades de crescimento e resiliência.

Abrace a mudança com a abertura:

A única constante na vida é a mudança. Abrace a mudança com a abertura e uma mentalidade de crescimento. Sua capacidade de se adaptar a novas circunstâncias e cultivar hábitos positivos em resposta à mudança é um fator -chave no sucesso sustentado.

Lembre-se de que construir hábitos melhores não é um esforço único, mas um compromisso ao longo da vida em se tornar a melhor versão de si mesmo. A cada escolha intencional, você está criando um futuro cheio de sucesso, bem-estar e realização. Abrace a jornada, mantenha -se comprometido com seus objetivos e se deleite com o impacto positivo que seus hábitos têm em sua vida e na vida das pessoas ao seu redor. A busca ao longo da vida de construir melhores hábitos é um empreendimento poderoso e gratificante.

Motivação é o que faz com que você começou. Hábito é o que mantém você indo - Jim Rohn

www.ingramcontent.com/pod-product-compliance
Lightning Source LLC
Chambersburg PA
CBHW072259260726

48658CB00004BA/1260